ビジネスエリート必読の名著15

株式会社フライヤー代表取締役
大賀康史――著
グロービス――監修

自由国民社

はじめに

知をつかさどる神は世界中にいます。ギリシャでは知恵の女神「メーティス」、エジプトでは知恵と学問の神「トト」、インドでは学問と商業の神「ガネーシャ」。古代から人は知に対するあこがれを持ち、その力に魅せられていたことがわかります。

今、働く私たちに求められる能力は多種多様です。このままえがきを読まれているあなたもその幅広さに圧倒されているかもしれません。よく話題にのぼる能力の一部を挙げてみましょう。

- **新しいビジネスや企画を考えるために大切な「発想力」**
- **ニューノーマルと呼ばれるような環境の変化を生き抜く「変化への強さ」**
- **どのような状況でも、仕事を推進していける「ポジティブマインド」**
- **時代を切り開く事業をするために必要な「最先端のトレンドの理解」**
- **様々な立場の人の想いを洞察できる「多様性の理解」**

数え上げればきりがありません。古代の人ではなくても、知の神様にすがりたくなるのではないでしょうか。そのような中でも、私たちには歩みを止めることなく前に進んでいく使命があります。そんな迷える現代人を救えるのは、今までに刊行されてきた知の集積たる名著です。名著を読み解いていけば、現代を生き抜く能力を一つずつ高められます。では、名著に触れる効果はどのように表れるのでしょうか。

私は名著を読むことによって、3つの重要な効果が得られると考えています。

▼ 自分を知る

変化の激しい世の中で生きていくためには、自分自身をしっかりと理解することが大切です。自分は何が好きで、何が嫌いか。何が得意で、何が苦手なのか。何を大切に思い、何は不要なのか。何を美しいと感じて、何を醜いと感じるのか。そのような自分自身の能力や価値観を知らなければ、キャリアを選択することもままなりません。そして、チャンスが来た時に、自分自身をしっかりと理解できていれば、すぐに反応してそれをつかむことができるでしょう。**名著には人が普遍的に悩むことや、個性を理解するためのヒントが多くこめられています。**それぞれの名著の教えを学ぶことにより、自分自身への理解を深めることができます。

▼世の中を知る

ビジネスの世界では、新しい企画を考える際には市場を見ろ、と言われます。ビジネスの現場に限らず、世の中の仕組みをおさえておくと、日々自分のまわりで起こるできごとがすっきりと理解できるようになります。そして、**世の中を理解するためには、名著に触れることが最も効率がいいのです。**名著には著者が長い年月をかけて研究をしてきたことが、一冊の本の形にまとめられています。通常は企画から出版までに約1年の年月がかかっていますし、本によっては10年以上の構想からできているものもあります。名著は著者の苦労の末に生み出された研究成果を、ショートカットして理解できる貴重なものです。

▼行動を変える

自分を知り、世の中を知ることができれば、これから自分がする「行動」に自信が持てるようになります。中国の軍略家である孫子の最も有名と言える言葉に、「敵を知り己を知れば百戦危うからず」というものがあります。相手と自分を十分に理解していれば、何度戦いをしても負けることはない、ということです。何も情報がなく、自分に自信がない状態だと、行動自体も不十分なものになりますし、失敗の可能性も高くなるでしょう。その一方で、情報があって自分がする選択に自信が持てれば、行動に力強さが生まれます。**私たち**

は、名著を読むことにより、行動を邪魔する不安に打ち克ち、歩みを進めることができるのです。

これらの効果には相互作用もあります。自分を知ることができれば、世の中のことがより解像度高く理解できます。世の中のことを理解できれば、より自分を俯瞰して眺めることができるようになります。また、実際に行動を行うことができれば、その結果からフィードバックを受けて、自分や世の中のさらなる理解にもつながります。このようにこれらは相互に関係して、促進する作用があります。本に触れることは、その好循環を生み出すきっかけになるのです。

では実際に本を手に取ったとして、どのように読書をしていくことが望ましいのかを考えてみましょう。

今、あなたが見ている世の中があって、その一部分を理解しているとしましょう。そして本には、著者が考えている世の中や人に対する洞察が込められています。

本が描いている世界には、自分がもともと持っていた理解と一致している部分と違っている部分があるものです。例えば、歴史を扱った本を読んでいることを想像してみます。時代背景も登場人物の育ち方も現代とは異なっています。そのため、本で書かれていることをそのまま自分に取り入れても、うまく現実に合わない可能性があります。ただ、少し引いて考えれば、そこには普遍的な世の中のあり様や人のあり様といった、今の自分にも応用できる考え方が含まれています。したがって、**本の中から今の自分に合うものと合わないものを取捨選択して、今の自分に合うものを取り入れていく、という主体的なスタンスで読書をしていくことが望ましいでしょう。**

本書はまさにそのような目的を果たすために構成しています。名著それぞれの全体像を把握したうえで、その本の印象的なメッセージを抽出し、さらにその名著からの学びをこれからの時代を生きる人に価値があるように応用していきます。本書の構成では、取り上げている名著の理解を深めた上で、生きていく中で活かしやすいように解釈を足していくことを目指しています。

私は本の要約サイトのｆｌｉｅｒ（フライヤー）を創業して、これまで7年間ほど運営してきました。フライヤーでは厳選した２３００冊以上の本の要約を紹介しています。その紹介の過程で確信したことがあります。それは、名著の紹介はそれを読むこと自体にも学びがあるだけでなく、さらに詳しく読んでみたいという知的好奇心を導くものになるということです。本書の紹介の形式は要約の枠にとどまらず、より現実への応用を考慮したものになっています。7年間のフライヤーの運営を通じて磨いてきた、名著の価値を伝えるための最適なフォーマットを意識して構成しています。

取り上げている本は、フライヤーとグロービス経営大学院が共同で主催している「ビジネス書グランプリ」の受賞作品です。ビジネス書グランプリでは、ビジネスの第一線にいる読者の誰もが投票できる形式を取っています。信頼性の高い表彰制度で選出されたビジネス書グランプリの受賞作品は、全てが疑いのない名著です。そんなビジネス書グランプリの受賞作品を集めた本書は、どこから読んでも「名著」に遭遇できるようになっています。

1冊目から順番に読んでいただければ、似たジャンルの本が近くに配置されているので、1つのテーマを多面的に理解しやすくなっています。もちろん、目次で気になった本から読んでいただいても全く構いません。

ぜひ名著の数々に触れ、好奇心を満たすとともに、より良く生きていくための力にして下さい。

目次

第3章 政治経済

政治経済の土台を理解しているから、
ビジネスパーソンとして一流になれる。

第4章 イノベーション

進化は止められない。だからイノベーションを起こす側になる秘訣を知らなければならない。

第5章 マネジメント

2年目でも課長でも社長でも共通のマネジメントスキルを学ぶ。

序章｜対談

いま、「ビジネス書」を読む意義とは？

嶋田毅

東京大学理学部卒業、同大学院理学系研究科修士課程修了。戦略系コンサルティングファーム、外資系メーカーを経てグロービスに入社。累計160万部を超えるベストセラー「グロービスMBAシリーズ」のプロデューサーも務める。

著書に『MBA 100の基本』（東洋経済新報社）、『グロービスMBAキーワード 図解 ビジネスの基礎知識50』（ダイヤモンド社）など。

グロービス経営大学院や企業研修において経営戦略、マーケティング、ビジネスプラン、管理会計、自社課題などの講師を務めるほか、各所で講演なども行っている。


「人生100年時代」になって、私たちの「生き方・働き方」は今後どう変わるのでしょうか？　そして、そうした生き方・働き方の変化を踏まえながら、いまビジネス書やリベラルアーツの書籍を読む意義とは何なのでしょうか？　グロービス経営大学院教授、グロービス出版局長を務め、ビジネスパーソンに向けた著書を数多く上梓されている嶋田毅さんに、対談を通じてお聞きしました。

1つの仕事だけでキャリアをまっとうできない時代で、いかに情熱を持続させるのか？

嶋田　「人生100年時代」の生き方・働き方というと、まずは健康寿命が長くなり、これからは75歳くらいまで働くのが普通の世の中になるでしょう。そうなると、私たちの多くが、一社でのみ働き続けるのではなく、キャリアチェンジが求められます。第2・第3のチャレンジをする際に問われるのは、個人として価値を出せるかどうか。副業も一般的な選択肢になってきている現在、20代のうちからインプットして自分を磨き、価値を出せている人は、一社目をやめた後もキャリアのチャンスが増え

大賀康史

株式会社フライヤー 代表取締役CEO。
早稲田大学大学院理工学研究科機械工学専攻修了。2003年にアクセンチュア(株)製造流通業本部に入社。同戦略グループに転属後、フロンティア・マネジメント(株)を経て、2013年6月に株式会社フライヤーを設立。
著書に『最高の組織』(自由国民社)、共著に『7人のトップ起業家と28冊のビジネス名著に学ぶ起業の教科書』(ソシム)、『ターンアラウンド・マネージャーの実務』(商事法務)がある。

ていく。**今後は40代でセカンドキャリア、サードキャリアについて考えていく必要があると思っています。**

大賀　なるほど。20代〜70代まで働く世の中になれば、キャリアの後半戦が大きく変わると嶋田さんは見ているんですね。さらに、そのキャリアの後半戦に備えて、20代や30代の人の働き方も変わりそうです。市場価値を高めて価値を出し続けるには、どのようなマインドセットが求められるとお考えですか。

嶋田　**大事なのは、専門の柱を複数かけ合わせていく「かけ算の発想」ではないでしょうか。**T型人材・π字型人材をめざせといわれるようになって久しいですが、たとえばCFO経験の持ち主なら、その専門性を軸にしながらテクノロジーを勉強し、CTOに近い領域にも幅を広げていくとか。1つの分野で「1万分の1」をめざすのは難しいかもしれません。ですが、「10分の1」になれる分野を4つ育てていけば、「1万分の1の人材」に仲間入りすることができます。

大賀　「この人ならでは」の領域で才能を開花させ、活躍している方は共通して、並外れた情熱を持ち続けていると思っています。現在は働き方改革、新型コロナウイルスの蔓延に伴うニューノーマルなど、目まぐるしい変化への対応が求められています。業種・職種によっては、仕事の内容や働き方が変化し、情熱を維持し続けることが難しい場合もあると思います。

嶋田　そうですね。例えば営業職ならば、「人と対面して信頼関係を築く営業スタイル」を強みとし、そこにやりがいを感じていた人が、ニューノーマルへの対応でオンラインを通じて顧客との関係構築を求められることも多いでしょう。そうなると、その人なりの情熱の源泉が何なのかを理解し、それを保つために工夫が必要です。

情熱を維持するには、「社会は変わっていくもの」という前提で、変化を楽しめるかどうか。変化を恐れるのではなく、むしろ変化自体をチャンスにしようという、しなやかなマインドセットをもつ人が強いと考えています。いま自分の目の前の情熱だけでは、変化に乗り切れないと思ったら、情熱をもてる第2の選択肢を見つけ出していくという発想が大事になってくるのではないでしょうか。

大賀　**たしかに「変化に振り回される側」なのか、「変化を楽しむ側」なのかという差は大きいですね。**明らかに大変な壁にぶつかっていたとしても、前向きにとらえて柔軟に対応できる人になれれば、怖いものがなくなります。**周囲に流されずに変化を楽しめるようになるためには、私は自己の基盤となるもの、すなわち自己肯定感が必要だと考えています。**

この自己肯定感は、ビジネス書やリベラルアーツ、小説など色々な本を読むなかで培われていくものです。私たちは読書を通じて、自分とは異なる時代背景や状況に置かれた著者や登場人物の生き方や意思決定を追体験できます。それを自分の目の前に広がる世界でどう活かしていけるのか。その本による学びから、どのように世の中全体の理解を深めていくのか。こうしたことに思いを巡らせていくことで、応用のきく知恵が得られ、自己肯定感を高めることができるのではないでしょうか。

嶋田　**マイナスの状況をいかにプラスにとらえるかという観点に立つと、ＩＱ（知能指数）、ＥＱ（心の知能指数）と並んで、ＡＱ（逆境指数）という指標が人材育成において注目**

されています。米国ハーバード・ビジネススクール客員教授のポール・G・ストルツ博士が提唱したもので、あらゆる逆境に対応するための行動パターンを意味します。現在のように変化が激しく先の読めない時代にこそ、AQを高めることが重要になるでしょう。そのためには、仕事でもスポーツでも、現状よりも大きな負荷を自分に課し、小さくてもいいから成功体験を積んでいく必要があります。

読書で「高い視座」と「歴史の流れ」のなかで考える力を養う

大賀　嶋田さんは普段、ビジネスパーソン向けに色々なテーマの著書を執筆・プロデュースされています。最近のトレンドをつかみたいとき、本からの学びをどのように活用しているのでしょうか。

嶋田　グロービスで経営者教育に携わってきているため、経営全般、経営に関連するリベラルアーツ、そしてSTEM（科学・技術・工学・数学）系の本は定点観測しています。そのうえで、DX（デジタルトランスフォーメーション）やブロックチェーンなど、あるテーマについて学びを深めたいときには、まずはその代表的な書籍や、自分で「面白そうだな」と思う本を読むようにしています。Ａｍａｚｏｎのレビューや本の目利きによるおすすめも参考になります。「その分野について詳しくなりたいなら10冊読めばだいたいのことがわかる」ともいわれます。しかし10冊を読む時間はなかなか取れないものです。**現実的な目線として、代表的な本とその関連書籍をあわせて3冊読むことをおすすめしています。**大賀さんはいかがですか？

大賀　**あるテーマの本をまとめて買うこともありますが、まずは1冊読んでみて、そこからまた新しいテーマに興味が湧き、別の本を手に取る……ということも多いですね。**知的好奇心のおもむくままに読書をしていく中で、自然にその領域について詳しくなるというアプローチが、効率がよいように感じています。

嶋田　**読書には色々な意義がありますが、「視座を高める機会になる」というのは、読書の大きな効用だと思っています。**たとえば営業職ならば、最初は営業に関連したスキルや知識を蓄積するでしょう。そこから経営人材をめざしていくのなら、早くから経営者の視座を磨かないといけません。たとえば、目の前の業務は「いかに顧客を獲得し、売上を伸ばすか」であっても、「そもそもなぜ、売上目標をこのように設定しているのか？」、「営業部門の全社的な役割は何なのか？」といったことです。また、会社にとどまらず、「社会から見た自分の仕事の意義」を客観視するのもよいでしょう。このように、高い視座から自分の置かれている状況をメタ認知する力を養ううえでも、読書が役立ちます。

大賀　**視座の高低にくわえて、歴史の流れという時系列のなかで物事をとらえる力も、読書を通じて養うことができますね。**特にリベラルアーツの本を読むことの意義の1つはそうだと考えています。歴史や哲学、科学など、長いスパンをかけて積み上げられてきた学問にふれることで、自分の立場を相対化できるし、歴史の大きな流れのなかで目の前の課題や自分の仕事の意味を見出せるのではないかと思っています。

嶋田　それは非常に大事な読み方ですね。ファイナンスでもマーケティングでも、その起源から現在までの進化をたどっていくことで、思想の変遷が理解できます。さらには、「普遍的に大事とされる本質は何なのか」「どこに限界があるのか」ということが見えてきて、その領域をより立体的に理解することができるはずです。

また、歴史そのものを学ぶ効用として、「自身を鼓舞できる」というのも大きいと思っているんです。とりわけ近代史がそうです。ペリーの開国要求から明治維新という激動の時代を生き抜き、日本の礎を築いてきたイノベーターたち。今「失われた30年」といわれようとも、日本の私たちが経済的に恵まれた生活を享受できているのは、彼らの努力のおかげ。

これは政治にとどまらず学問の研究でもいえることです。過去の研究成果という巨人の肩の上に乗ることで、はるかに見通しがよくなるし、いまの私たちがゼロベースではたどり着けない領域にたどり着くことができる。こうした歴史に触れる際に私たちに必要なのは、先人たちへの敬意の念を抱いて終わりではなく、**「では後世のために自分は何を遺せるだろうか？」と考え、アクションを起こすことではないでしょうか。**

グロービスでは、未来のリーダーとなる学生や受講生に自らの志と生き方を見つけていただく一環として、次のような問いを投げかけることがあります。「自分が生きた結果、次の時代に何を残したいですか？」。あり余る才能があったにもかかわらず、それを浪費して平々凡々に生きた人として記憶されたいのか。それとも、何らかの分野で果敢に挑戦して、何かを打ち立てた人として記憶されたいのか。もちろん一人の人間ができることは限られています。ですが、何かの分野で自分の旗を立てることなら可能だと考えています。

大賀 読書によって物事への理解が深まることも意味がありますが、最終的には行動が変容しないといけません。そうなると自分が「死ぬ瞬間」を想像し、そこから逆算して「ではいま、どんな一歩を踏み出すのか?」と考えることは、自分を変化させていくための究極的な方法ですね。

嶋田 そうですね。私の場合は、経営者に必要なマインドや知識・スキルを体系的に学べる場を提供することで、日本人の経営リテラシーを高めたいという思いがずっとありました。自分の人生の最後の日から逆算していったときに、まだまだやるべきことがあるなと思えますし、今後もこのミッションに情熱を傾けていきたいという思いを新たにしました。このように、歴史を学ぶことで、未来に目線を向け、自分自身を鼓舞できるのではないでしょうか。

ヒラメキを得るために必要な読書とは？

大賀　フライヤーでは、「ヒラメキ溢れる世界をつくる」というミッションを掲げています。ヒラメキを得て、イノベーションにつなげていくために、ビジネスパーソンはどんな本を読み、どんな学びを実践していくとよいのか。嶋田さんの実践されていることをぜひ知りたいと思っていました。

嶋田　**おすすめは、思い切って専門とはまったく異なる領域の本を読むことです。イノベーションは「新結合」ですから。**私はかつての専門の分子生物学に関する最新論文には、いまでも時々目を通しています。あとは小説などからもビジネスや人生に活かせる示唆を得ることができます。思い切って専門とは違う領域の「本物」にふれて、ぶっとんだインプットをしてみると、意外なヒラメキが生まれやすい。もちろん映画や演劇でもいいですし、大型書店で、自分の専門とは違う棚を見にいくという方法でもいい。大事なことは、固定観念にとらわれず好奇心や純粋な疑問をもち続けることです。大賀さんはいかがですか。

大賀　**私が実践しているのは、「評価の高い本」「世の中で話題になっている本」を無心で手に取り、読むことです。**読み始めると、やはり多くの人から支持されているだけのことはあって、面白い発見がたくさんあります。良書と呼ばれている本には、ものごとの本質をとらえている示唆が多いと考えています。

ビジネス書の良書にふれ、社会のトレンドを「線」で追う

嶋田　話題書にふれるという意味では、何らかの賞を受賞した本を読むというのはよいですね。たとえば、ビジネス書グランプリの場合は読者であるビジネスパーソンが審査員ですが、受賞作品というのは、その本を選定した人や団体が、「この本をぜひ読んでほしい」と考えて選んだものです。内容が濃密で、学びが多い書籍であることはまちがいありません。

ビジネス書グランプリは次で第6回目を迎えますが、過去の受賞作というのは社会の縮図ともいえます。さかのぼって読むと、「5年前はこういう本が売れていたのか」などと、社会のトレンドを「線」でとらえることもできますね。受賞作の参考文献などを芋づる式に読んで、興味の幅を広げていくのもよいでしょう。

大賀　そんなふうにビジネス書グランプリの受賞作品と向き合っていただけるといいなと思いました。ビジネス書グランプリで大事にしているのは、**各部門の良書を通じて「多様性のある社会に対して広く処方箋を提供していく」**ことです。ちょうど昨年、ビジネスパーソンに支持されたビジネス書のキーワードは、「多様性の理解」でした。今の世の中を見渡して、政治や経済などの様々な場面で分断が起きているように感じている人は多いのではないでしょうか。さらには、AIやITの進化を活かして、今まで以上により富を手にする人や、革新的な事業を生み出す人が生まれています。その一方で、堅実に仕事をしている人には、光が当たりにくくなっています。

こうした進むべき方向性を見通しづらい不安定な社会において、自分自身が拠って立つものを本に求めるようになることは、自然な流れだといえます。同時に、人生を主体的に歩んでいくためには、さまざまな立場にある人の複雑性や多様性を理解することが欠かせません。そうした社会の実情・動向を知り、自分なりの人生の指針をつくるうえでも、その時代に選ばれた良質なビジネス書にふれることは、大いに意義があると考えています。

嶋田　**各部門の受賞作品は、多くの方が読んでいる本であるため、その本をテーマにした読**

書会を開いてみるのも、身近な多様性にふれるよい機会になりますね。社内の同僚でも、異業種の知人でもいいので、「こういう気づきや疑問を抱いた」などと、互いの感想を気軽にシェアするだけでも、その本への理解が深まっていく。そうすることで、著者のいいたいことを学ぶだけでなく、自分の理解度や実力も客観的にわかります。さらには、人からも多様な解釈を学び、内省を深める機会が得られるはずです。

1

自己啓発

自分を磨く日々の少しずつの努力の差が、
大きな差を生んでしまう怖さを知ろう。

ビジネス書グランプリ2020
自己啓発部門賞

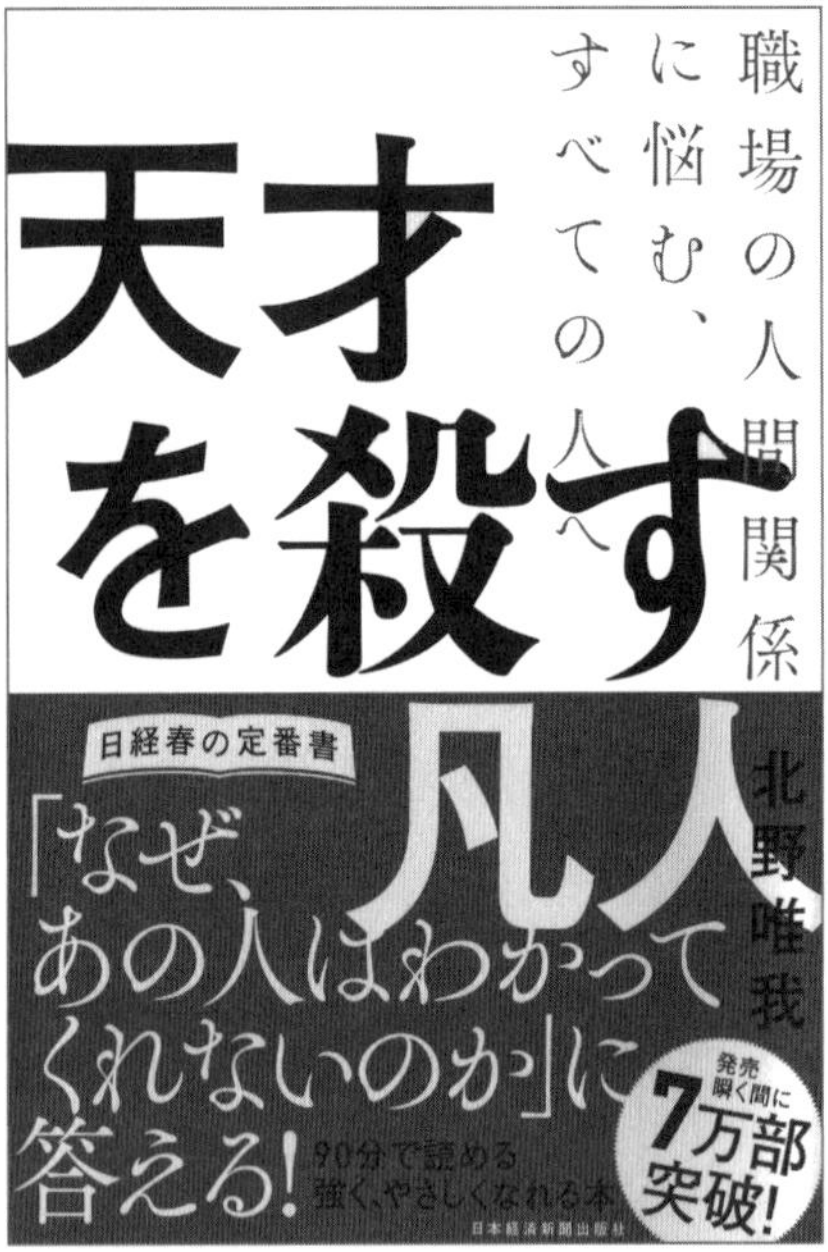

職場の人間関係に悩む、すべての人へ

天才を殺す凡人

著者：北野唯我
出版社：日本経済新聞出版社
発売日：2019年1月16日
定価：1500円＋税
ページ数：272ページ

テーマ

なぜ天才は会社で凡人に足を引っ張られてしまうのか？

著者情報

▼ **北野唯我**（きたの ゆいが）

兵庫県出身。神戸大学経営学部卒。就職氷河期に博報堂へ入社し、経営企画局・経理財務局で勤務。その後、ボストンコンサルティンググループを経て、2016年、ワンキャリアに参画。執行役員として事業開発を経験し、現在同社の最高戦略責任者。レントヘッドの代表取締役。著書に『このまま今の会社にいていいのか？と一度でも思ったら読む 転職の思考法』『OPENNESS 職場の「空気」が結果を決める』（ダイヤモンド社）、『分断を生むエジソン』（講談社）。

目次

グランプリを受賞した背景

世の中には才能を活かせる組織もあれば、才能を殺す組織もあります。個人でも、他の人の才能を活かせる人もいれば、才能を殺す人もいます。自分自身の才能を活かせる人もそうではない人もいるかもしれません。**なんで自分の才能にみんな気付いてくれないのだろう、自分はそもそもどのような才能があるのだろう、どうして自分とあの人はうまくいかないのだろう、**というような悩みを抱える人が、実際はほとんどなのではないでしょうか。

『天才を殺す凡人』には、そのような誰もが抱える悩みに対する鋭い答えが込められているからこそ、読んだ人の多くが絶賛しているロングセラーになっています。

この本の全体像

『天才を殺す凡人』はストーリー仕立ての構成になっています。魅力的な登場人物を紹介してみましょう。

天才（病める天才）：上納アンナ・・・創業社長

秀才：神咲秀一・・・CFO、次期社長候補
秀才（サイレントキラー）：上山・・・経理財務部長
凡人（最強の実行者）：横田・・・青野の同期
凡人：青野・・・主人公、広報
全てを理解する者：ケン（犬）・・・主人公のパートナー

これらの登場人物たちがどのような物語を紡ぎ出すのでしょうか。主人公の青野と渋谷のハチ公が実体化したケンの会話を中心に、理論が展開されていきます。
ケンは主人公の青野との会話の中で、人の才能を3種類に分けていきます。

天才：独創的な考えや着眼点を持っている、創造性に才能がある人
秀才：論理的に物事を考え、システムや数字、秩序を大切にする、再現性に才能がある人
凡人：感情やその場の空気を敏感に読み、相手の反応を予測して動く、共感性に才能がある人

さあ、あなたはどれに当てはまりますか？　圧倒的多数の人は、凡人に当てはまると本書

では語られています。できれば天才でありたい、と思う人は多いのかもしれません。印象では、天才＞秀才＞凡人、という順にすごそうに見えますが、**この3種類の才能には優劣はありません。**

そして、その関係性こそがタイトルにもなっている「天才を殺す凡人」という現象を引き起こします。実は凡人だけでなく、秀才も天才を殺す可能性があるのです。

天才→秀才　興味がない
秀才→天才　妬みと憧れの相反する感情
秀才→凡人　心の中で見下している
凡人→秀才　天才だと勘違いしている
凡人→天才　理解できないから排斥する
天才→凡人　本当は理解してほしい

このような関係性は身のまわりでも起きているような気がしませんか？　私はこの説明を読んだところ、天才が孤立する構造がクリアに理解できました。秀才が得意とするのは、アカウンタビリティ、すなわち説明能力の高さだと言われます。再現性の高い取り組みとは、概ね優れたKPIを達成しているとか、利益率の高いビジネスモデルを確立するというような、投資対効果が高い取り組みになります。そのため会議の中でも、秀才が良いと感じる取り組みは、多くの人の理性に訴えかけることから、能力の高い組織であればあるほど進めやすくなる傾向があります。

一方で天才が見ている世界は、創造的で前例がほとんどないものであるからこそ、いくら言葉で説明しても、凡人や秀才にはよくわからないことが多いものです。幽霊のようなものだとも描写されています。幽霊が見える人が見えない人に対して、いくら詳しく説明したところで、見える人には見えるし、見えない人は懐疑的にならざるを得ません。そのため、天才にだけ見えている景色というのは、なかなか共有ができないのです。

天才は創造性、秀才は再現性、凡人は共感性というように、それぞれ考えの軸が異なっているので、会話が交わらずに平行線をたどるようになります。では、才能の異なる人はずっとわかりあえないのでしょうか。実はそれぞれをつなぐ能力を持つ人が存在しているのです。

エリートスーパーマン：天才と秀才をつなぐ人。高い創造性と論理性を兼ね備えているが、共感性はない。投資銀行にいるような人。このタイプの人の部下になると大変。
最強の実行者：秀才と凡人をつなぐ人。いわばとても要領のいい人。ロジックを押し付けるだけでなく、人の気持ちも理解できるため、エースと呼ばれる。一番モテる。
病める天才：天才と凡人をつなぐ人。共感性も持っているが、再現性がないため、一発屋のクリエイターのようにムラが激しい。心の浮き沈みがあるため、心を病む人が多い。

あなたにはこの中で当てはまりそうな存在はありましたか。実は天才を救うのは病める天才や、エリートスーパーマンではありません。凡人の一部の人は「共感の神」となります。「共感の神」は才能を信じる力があって、自分の内面からの言葉によって人を巻き込むことができます。天才が孤立するか、脚光を浴びるかは、「共感の神」が近くにいるかどうかによって変わってしまうのです。

一方で、失敗しないことに理論を使うことで天才を殺してしまう、「サイレントキラー」と呼ばれる秀才もいます。説明能力の高さをフル動員して、事業の種のアラを探し、変化を止めていくのです。

さて、この物語の天才女性起業家、上納アンナはどのような運命をたどるのでしょうか。秀才に囲まれて、上納アンナによる新規事業の数々は日の目を見ないようになっていきます。凡人だった主人公の青野が共感の神になって、彼女を救うことができるのでしょうか。ものがたりの結末は読んでみてのお楽しみです。

自分ならではの解を見つける閃きポイント

自分が天才と秀才と凡人の何に当てはまるかによって、本書の魅力が変わってくるかもしれません。

もし自分が凡人だと感じているのなら、まず周りの人の特徴から押さえていきましょう。そのうえでどうしたら組織の中で上手く立ち回れるのかを考えてみます。天才を見つけ出し、共感の神になって大きなインパクトを組織に与えるのもいいでしょう。経営理論などを学ぶことで、最強の実行者となり、エースと呼ばれるような存在を目指すのも面白いかもしれません。何をめざしたいのかによって、可能性が多様に広がっていると言えるでしょう。

あなたが天才だったとしたらどうでしょうか？　人と見えている世界が違っていて浮いて

いるなと思ったとしたら、もしかしたらあなたは天才かもしれません。周りを見渡して、エリートスーパーマンや共感の神がいたらいいですね。一緒に仕事をしていくことで理解者を増やすことができるでしょう。さらに最強の実行者をも味方にすることができたら、できることの幅は一気に広がります。自分の才能を存分に発揮できるように、少ないかもしれない仲間をしっかりと見極めて、その上で増やしていきたいものです。

一番難しいのは、秀才だったときかもしれません。金融機関、総合商社、コンサルティングファームのような業種には、秀才がいる割合が高いように思います。そして秀才のやっかいなところは、心の中で凡人を見下していて、さらに天才に対して嫉妬を抱いていることです。上手く再現性の能力を他の才能の人に提供すれば、きっとその組織に素晴らしい成果をもたらすことができるでしょう。しかしながら、自分がその内面で人を見下していたり、嫉妬心を抱えていることがうまく制御できないのだとしたら、組織に対して致命的な悪影響を与える可能性があります。衰退する組織の多くは、秀才が暴走してしまっていることが多いように感じています。管理のためにKPIだけで人を縛り、創造性や共感性を殺していくのです。秀才は使命感を持って才能を使うように、自分自身を律することが求められるでしょう。それができれば、組織に対して持続的な成長という大きな果実をもたらすことができる貴重な存在になれるでしょう。

しびれる一文と解説

「「だからこそ、終わらせる必要があるんだよ。テレビやニュースを見てみろ。カリスマ的な創業者が晩年になり、センスも才能も衰え、むしろ『老害』になるケースは世の中に山ほどある。結果、苦しむのは従業員。他でもない我々なんだ」」

（P166）

続けて、上山部長は新規事業の赤字が目立つように会計基準を作り変え、天才上納アンナを失脚させるように仕向けていることを話していきます。

実世界では、ここまではっきりと言われるケースは少ないかもしれません。このシーンで上山部長は、自分の正義にのっとって正しいと思う道を進んでいることが伝わります。また、青野はこのシーンの後で上山部長を受け入れられないという感情を吐露していきます。

人は一方から見た正義によって、戦争までも引き起こしてしまう生き物です。人気の高い漫画やアニメでは、敵対する双方から見た正義が詳しく描写されていて、どちらの気持ちもわかるような作品が多いように思います。**最も残酷な結果を引き起こすのは、相手の考えを想像しない未熟な「正義」であると私は考えています。**このケースでは、上山の正義は社長が率いる新規事業に対して、可能性を制限してしまい、さらには事業売却という結果に至りました。それが事業運営上正しいかもしれませんし、そうではないかもしれません。答えが明らかではないところが新規事業に関する悩みの興味深い所です。

斬新な新規事業のアイデアであれば、100人が100人全員賛成することはあり得ません。確実に成功できるのに、投資額や弊害が少なく、市場が大きく、誰も着手していなくて、今後も競合による新規参入のない事業なんてものは存在しないからです。概ねすべてのアイデアはこのどれかに弱みがあるので、強い反対意見が出てきます。このように、反対される理由が無限とも言えるほどに多いことは、インパクトの大きい新規事業の宿命とも言えます。

そこで秀才の出番です。あなたが秀才だったとしましょう。最強の実行者となって、多くの人の共感を作り出し、前に進める役割を担いますか。それとも、新規事業アイデアの未熟なところを掘り下げて攻撃して、批判的な共感を巻き起こし、事業の可能性を殺し、想定されるリスクを回避させる役割を担いますか。ある程度のところまでは科学的に分析できたとしても、そのどちらが正しいかは結局誰にもわかりません。**不確実な未来に対して、事業アイデアを見るシビアな目を持ちながらも、自分の生き方の信念に従って、会社の利益や活力の最大化のために力を使うことは難しいものなのです。**

これからの時代を生きる人へ

あなたがあるプロジェクトのリーダーになったとしましょう。そのプロジェクトは自分が発案し、会社にとって価値があると確信している意義深い内容だったとします。メンバーも厳選して精鋭を集められたとしましょう。それでもあなたの悩みはなくなりません。なぜでしょうか？

それはあなたがまわりのメンバーから、創造性、再現性、共感性の全てを求められるからです。一人ひとりからはその一部しか求められないかもしれません。それでも色々な人の意見を総合していくと、実は全てが求められているということに気付くはずです。

たとえあなたが天才、秀才、凡人のどれに当てはまっていたとしてもです。天才だったとしたら、アイデアはただの思い付きではないのか、なんでリーダーはメンバーの頑張りを理解してくれないのか、などと言われることでしょう。秀才だったとしたら、リーダーからアイデアが出てこない、リーダーは自分を機械のように見ている、プロジェクトに活気がない。そして、凡人だったとしたら、話をすればするほどアイデアが丸く面白みがなくなっていく、リーダーが何も決めない、多数決のような決め方では何も進まない、というように。

『天才を殺す凡人』が稀にみる名著であると感じさせるところは、**誰もが抱えている問題に対してシンプルで本質的な構造を明らかにしているだけではなく、解決の方向性を具体的に示してくれている**ところではないでしょうか。本書では誰にでも天才、秀才、凡人の要素が共存していると語られています。だから、一人の人間だったとしても天才、秀才、凡人のそれぞれが、どのような考えを持つかについて、想像することはできるのです。また、自分の才能を活かすことで、そのどれにも対応できる可能性すら存在します。そして自分では発揮しきれない才能は、人に補ってもらうこともできるのです。

さあ、あなたは何をめざしますか？　最強の実行者でしょうか？　エリートスーパーマンでしょうか？　それとも共感の神でしょうか？　もしかしたら、創造性・再現性・共感性をあわせ持つ「すべてを理解する者」かもしれませんね。

この本の物語には、自分の生き方に力強さを持たせてくれるだけでなく、直面している人間関係の悩みを減らす大きな効果があります。強くおすすめできる一冊です。

ビジネス書グランプリ2018
ビジネススキル部門第2位

多動力

著者：堀江 貴文
出版社：株式会社幻冬舎
発売日：2017年5月30日
定価：1400円＋税
ページ数：228ページ

テーマ

寿司屋の修行には意味がない!?
小利口にならず、
行動するバカになれ!

著者情報

▼ **堀江　貴文**（ほりえ　たかふみ）
1972年、福岡県生まれ。
SNS media & consulting株式会社ファウンダー。
現在は宇宙ロケット開発や、スマホアプリ「TERIYAKI」「755」「マンガ新聞」のプロデュースを手掛けるなど幅広く活動を展開。有料メールマガジン「堀江貴文のブログでは言えない話」は読者1万数千人の規模に。2014年8月には会員制のコミュニケーションサロン「堀江貴文イノベーション大学校」（http://salon.horiemon.com/）をスタートした。近著に『すべての教育は「洗脳」である』『むだ死にしない技術』など。
Twitterアカウント：@takapon_jp

目次

グランプリを受賞した背景

ホリエモンこと**「堀江貴文」**を知らない人はいないでしょう。ＩＴバブルの時代の寵児であり、起業家でもあり、著名なインフルエンサーとも言える方です。誰かが傷つくかもしれない、と多くの人が逡巡してしまうことでも、ズバッと本質を言い切ります。はっきりした主張に魅せられるファンが多い一方で、その鋭さゆえにアンチもいます。著者の影響力は計り知れません。

『多動力』はそんな著者らしさが全開の快作です。読んでいるうちに、いかに自分が常識にとらわれていたかを痛感することでしょう。本書で語られていることをすべて真似できるわけではありません。しかし、**著者が語る常識の枠を取り払った行動は、私たちの可能性を広げるために取り入れたいものばかりです。**さあ、ホリエモン劇場に足を踏み入れましょう。

この本の全体像

▼準備ばかりしていないで行動する

日本人は、修業、下積み、球拾いという我慢の期間があることを自然だと思っています。

しかし、寿司屋の修業期間そのものには意味がありません。技術や情報を独占できたのはインターネット以前の話で、今はＹｏｕＴｕｂｅやツイッターなどにノウハウが広がっています。大阪の「鮨 千陽（ちはる）」の土田店長は専門学校で３ヶ月寿司作りを学び、開業しました。その「鮨 千陽」は『ミシュランガイド京都・大阪２０１６』で「ビブグルマン」部門に選出されました。開店からたった11ヶ月目の出来事でした。

例えば、フルマラソンに出るために毎朝ランニングをする、気になる女性とデートするためにダイエットをする、というように、何かに向けて準備をしている人は注意した方がいいでしょう。準備に時間をかけるよりも、今すぐ直近のフルマラソンにエントリーをして、気になる女性と食事に行くべきです。**準備を整えようとしていても、満足いくほどの準備はいつまでたってもできません。今すぐに行動をして、あとから修正すればいいのです。**

本書の記載からは離れますが、ソフトバンクの孫正義氏のラーメン屋開業のための秘訣が興味深いので紹介します。ラーメン店で修業をする、料理学校に通う、というアプローチではありません。その教えは、「今すぐ豚骨を煮ろ！」でした。あれこれ準備をするよりも、すぐに実行をして試行錯誤した方が改善も早いのです。著者も孫正義氏も起業家であり、事業家です。行動を起こすことの大切さが表れている教えではないでしょうか。

▼ 常識を疑い自分の人生を生きる

限りある人生、**「自分の時間」**を無条件にゆずり渡すのはやめましょう。他人の目や上司や先輩の怒りを気にすると、無意味なルールに縛られて**「他人の時間」**を生きてしまいます。参加する必要もない打ち合わせに出ているくらいなら、打ち合わせ中にスマホで気になるニュースを読み、ＬＩＮＥやメールを返すことで、その時間を自分の時間に引き戻してしまいましょう。

著者は『朝まで生テレビ！』に出演している際に、番組の特性上、討論に参加していない時間が長くあるそうです。そんなとき、スマホで仕事をして、ツイッターで討論への反応を見ながら視聴者にコメントを返します。すると、「生放送中にスマホをいじるな」という風紀委員のような人が表れるのだといいます。自分の時間を奪う風紀委員に流されてはいけません。むしろ、出演者と視聴者がツイッターでリアルタイムにコメントのやり取りをした方が、番組として盛り上がるのです。そのように無駄に思える時間に意味を持たせるためには、まず「他人の時間」から「自分の時間」を取り戻すことが大切です。

「自分の時間」を生きるためには、仕事を選ぶ側にまわるとよいでしょう。食べていくためと言って追いこまれながら仕事をしていると、発注主の都合に振り回されます。嫌だったら、その仕事を辞めればいいのです。高校生や大学生が、ブラックバイト防止のユニオンを作り、マクドナルドや牛丼チェーンの時給を上げるようにデモ行進をしたといいます。そんな無駄なことをせず、嫌ならそのアルバイトを辞めてしまうだけでよいのです。当たり前ですが、アルバイトは他にも無数に選択肢があります。そのような考え方をするだけでも、人生が一気に動き出すでしょう。

▼仕事の効率を何倍にも高める方法

1日は25時間にはなりませんが、あなたを2人、3人、4人……と増やす方法ならあります。努力や仕事量でカバーするのではなく、**「原液」**を作ることに力を注ぐのです。原液を作ることができれば、自分の分身が勝手に働いてくれます。ツイッターで炎上させた発言が、テレビで取り上げられ、著者がいないところで侃々諤々の議論がされています。

この仕掛けは、カルピスで言うところの原液を作るということです。カルピスは濃い原液が売られていて、それを氷水で割ると、たくさんのカルピスが作れます。地上波放送は著者が作る原液のコンテンツを薄めて、多数の視聴者であるマスにわかりやすく加工して届けてくれます。自分にしか思いつかないアイデアを出すことや、自分にしかできない発言をすることが、元となる原液を作るということです。あなたのアイデアや発言に、あなたの知らない人までもが熱狂するような仕事をするように意識しましょう。

ではそのような原液を作るためには何をすればよいのでしょうか。**それは「教養」を身につけることです。教養とは、表面的な知識やノウハウとは違って、時代が変化しても変わらない本質とも言い換えられます。**教養を身につけることができれば、「今」という時代の変化に振り回されることがなく、ジャンルを横断するような「原液」となるものを生み出せるようになります。気になった物事があれば、歴史の奥まで深く掘って本質を理解しましょう。

▼ 世界最速の仕事術とは

いまだにファックスや電話を使って仕事をしている人がいます。**多くのプロジェクトを同時に進めるためには、仕事の生産性を上げることを意識しなければなりません。**著者は数えきれないくらいのプロジェクトを同時並行で進めていますが、そのほぼ１００％をスマホでこなしているといいます。

スマホによって、仕事の効率を飛躍的に高めることができます。メルマガの原稿も、スマホのフリック入力のスピードを上げれば、スマホでできてしまいます。仕事の打ち合わせや指示出し、意見の吸い上げは、プロジェクトの性質によってＬＩＮＥやメッセンジャーやメールを使い分けて行えます。顔を見てコミュニケーションをとる場合も、ビデオ通話を使えば簡単です。相手が海外にいたとしても全く問題がありません。直接会わないといけない、資料は紙で渡さなければいけない、という根拠のない考えを改めるだけで、仕事の効率は一気に上がるのです。

仕事が遅い人は決まって「リズム」が悪いものです。オンラインの投稿でも、リズムを崩すような長文投稿があると、著者は「長い！」とキレるそうです。テキストで送れるものをＰＤＦなどの添付ファイルにすると、読み手のリズムを崩します。仕事は「速度」ではなく、「リズム」なのです。長々と書く人にかぎって、何を言いたいのかがはっきりしません。

自分は仕事が遅いと思っている人は、リズム良く仕事ができているか見つめなおしましょう。

メールやLINEをする際に大切なことがあります。それはメッセージを見た瞬間から10秒で返信する、ということです。仕事ができる人の共通点は、**「レスが早い」**ことです。忙しい人の代表ともいえる、サイバーエージェントの藤田晋社長も、幻冬舎の見城徹社長も**即レス**をします。特に優先順位の高い案件は、先に即レスをして前に進めると良いでしょう。仕事の仕分け作業をさっと行い、優先順位の高いものからすぐに対処する習慣を身につけると、仕事がデキる人になれるのです。

自分ならではの解を見つける閃きポイント

経費精算を自分でやるサラリーマンは出世しないと著者は言います。**1日24時間の中から「ワクワクしない時間」や嫌な仕事をなくしていくことが、能力を発揮するコツになります。**

この内容は、ピーター・F・ドラッカーの『プロフェッショナルの条件』で書かれていた一節にも通じます。それは、**「何ごとかをなし遂げるのは、強みによってである。弱みによって何かを行うことはできない」**ということです。

国内の就業者数は6000万人を超えています。それだけ多くの人の中から、その人が卓越した成果を上げるとすれば、それは弱みを克服することによってではなく、強みを活かしたことをしたときでしょう。おそらく著者は細かい仕事を正確にすることに強みはなく、大局的にものごとを考えることや、人とは違うことを発想することなどに強みがあるはずです。そんな著者にとっては、経費精算をしている時間は人よりも秀でたパフォーマンスを示す時間ではなく、1人の作業者としての時間になってしまいます。

仕事とは、他の人よりも秀でた部分だけが成果になるものだと言えます。ではあなたにとって、人よりも優れたところはどこでしょうか。実は自分の強みを知ることは難しいのです。それでも、長いキャリアを歩む上で、自分が真に何が好きで、何が得意なのかを知ることができれば、これからの成果を大きく伸ばすことができます。過去の自分の仕事や生活を思い出して、何をしていたときに周りの人から感謝されただろうか、わくわくしていただろうか、と振り返ることが、自分の強みを見つける第一歩になります。あなたは自分の強みが何か、見つかっていますか。まだ見つかっていなければ、自分を見つめなおす時間を取って、今の自分の強みを探しましょう。

しびれる一文と解説

「この、あらゆる産業のタテの壁が溶けていく、かつてない時代に求められるのは、各業界を軽やかに越えていく「越境者」だ。そして、「越境者」に最も必要な能力が、次から次に自分が好きなことをハシゴしまくる「多動力」なのだ。」（P8）

ＡＩやＩＴが経済を支配するようになると、業界の垣根はなくなっていきます。すでにＩＴに関わりのない業界は消滅したとも言えるのではないでしょうか。今後は、すべての業界にＡＩも関わっていくことが予想されます。

すでに個々の情報が独立して存在するのではなく、業界をまたがって、さらには国をまたがって情報が関わりを持っています。日本におけるＡＩの第一人者である東京大学の松尾教授にお会いした時に、興味深い話を聞きました。「学問領域は人が理解しやすいように細分化されているが、ＡＩにとっては同じようなもの。**例えば、量子力学と化学と数学は、学問領域としては分かれているが、それは人が理解をしやすいように勝手に分けただけだ。ＡＩにとってはパラメータが増えるだけで、複数の学問領域を一緒に扱ってもなんら支障**

はない。今後ＡＩが進化すると、学問領域をまたいだ研究が加速するだろう」ということでした。ビジネスだけでなく、学問領域でも境界は溶けていくのです。

データと学問領域がつながることにより、かつて、経済学者のシュンペーターが言ったイノベーションを表す言葉である、**「新結合」**（既存の知の新しい組み合わせ）がさらに加速していきます。すでにその未来は今おとずれているとも言えます。多動力を身につけ、越境者になれれば、時代を先取りしたイノベーションの主体的な実行者になれる可能性がずっと上がります。自分自身で業界や領域の橋渡しができるからです。改めて考えると、「越境者」になるための「多動力」の重要性に、はっとさせられるのではないでしょうか。

これからの時代を生きる人へ

「越境者」になると、新参者として不慣れなところに顔を出すことが必然的に多くなります。当然失敗も増えるでしょう。そこで邪魔になるのが、恥をかくことへの恐れです。著者は「誰もあなたのことなんて興味がない」と断言しています。自分が意識しているほどには、周りの人は自分に対して興味をもっていません。しばらくすると恥をかいた出来事を周りの人も自分も忘れていくものです。だから恥など気にせず、新しいことにチャレンジし続けた方がよいと言えます。

行動をする人の対極にいるのは、人の行動を傍観して、欠点をあげつらう批判者です。批判者は他の人から攻撃を受けない守られた環境から口を出すだけなので、楽ではあるでしょう。ただ、それでは世の中に大きな貢献をすることができません。もし世の中にインパクトを及ぼす人になりたいのなら、恥をかくことを恐れず、自分が人生の舵を握る実行者になっていくことです。著者は「小利口はバカに勝てない」と本書で言っています。小利口にあれこれ考えるよりも、誰よりも先に行動に移す人になれれば、周りの人も巻き込みながら、結果を残していくことができるでしょう。

人は年を重ねるにつれて、小利口さが表れてきます。しかし、自分の今の能力を超えたことを、追いかけていく人生をいつでも選択することができます。**読者であるあなたにも、実現したい目標があるかもしれません。実現できるかどうかは脇に置き、失敗して恥をかくことを気にせず、一つでも行動に移してみることが目標を現実にする第一歩です。**成功のための本質を痛快に描いた本書は、あなたの行動の邪魔になる迷いを振り払ってくれる一冊になるでしょう。

2

ビジネス実務

仕事に活かせる本質に刺さった本に出会えば、
毎日の生産性は劇的に変えられる。

ビジネス書グランプリ2019
ビジネス実務部門賞

1分で話せ

著者：伊藤 羊一
出版社：SBクリエイティブ株式会社
発売日：2018年3月20日
定価：1400円＋税
ページ数：240ページ

テーマ

ビジネスコミュニケーションの決定版！
誰でも使える論理的な伝え方とは？

著者情報

▼**伊藤 羊一**（いとう よういち）

ヤフー株式会社 コーポレートエバンジェリストYahoo!アカデミア学長。

株式会社ウェイウェイ代表取締役。東京大学経済学部卒。グロービス・オリジナル・MBAプログラム（GDBA）修了。1990年に日本興業銀行入行、企業金融、事業再生支援などに従事。2003年プラス株式会社に転じ、事業部門であるジョインテックスカンパニーにてロジスティクス再編、事業再編などを担当した後、2011年より執行役員マーケティング本部長、2012年より同ヴァイスプレジデントとして事業全般を統括。

かつてソフトバンクアカデミア（孫正義氏の後継者を見出し、育てる学校）に所属。孫正義氏へプレゼンし続け、国内CEOコースで年間1位の成績を修めた経験を持つ。

2015年4月にヤフー株式会社に転じ、次世代リーダー育成を行う。グロービス経営大学院客員教授としてリーダーシップ科目の教壇に立つほか、多くの大手企業やスタートアップ育成プログラムでメンター、アドバイザーを務める。

目次

グランプリを受賞した背景

ビジネスの現場で、プレゼンテーションが得意と自信をもって言える人はほとんどいないのではないでしょうか？　プレゼンテーションまでの場でなくても、会議で発言を求められてまごまごしてしまったことや、上司への報告の後に**「で、要するに何？」**と言われてしまった苦い記憶がある人も多いでしょう。コミュニケーションに自分では苦手意識がある一方で、会議で鋭い意見を伝えられる人や整理された報告ができる人を見て、劣等感を感じたこともあるかもしれません。

そんな悩みも本書があれば解決できます。**本書が他の「話し方」や「プレゼンテーション」の書籍と違って傑出しているのは、本物のコミュニケーションの原理原則が誰にでもできる形でまとめられていることです。**コミュニケーションが得意だと思っている人にとっても、参考になる筋の通った指針が込められています。

論旨が明快なコミュニケーションができる人は、ビジネスが動く決定的な瞬間を作ることができますし、周りの人からの評価も高くなります。コミュニケーションのスキルは毎日使えるものです。そのスキルに磨きをかけて、周りにいるライバルに差をつけましょう。

この本の全体像

▼「伝える」ための基本

人はあなたの話を全て聞いてくれている、と思っているかもしれません。考えていることをすべて伝えれば、きっとわかってくれるというように。しかし、著者は**「人は、相手の話の80%は聞いていない」**と断言します。聞き手は、早く終わらないかな、眠いな、退屈だな、というような雑念が頭をよぎりながら、ただ音が耳から聞こえている状態なのです。

だからこそ、相手に自分の真意を伝え、動いてもらうための**「プレゼン力」**が必要となります。長々と話すよりも、ポイントを明確にして、**「1分」**で伝えた方が、目的を達することができるのです。

「伝える」ための第一歩は、聞き手をしっかりとイメージすることです。聞き手の立場、興味、理解度、感情を想像してから、準備を始めます。そして、プレゼンのゴールを明らかにします。聞き手が理解をしてくれれば良いのか、聞き手に賛成してもらいたいのか、動いてもらう必要があるのか、といったことを定めて、そのための最適な話し方を組み立てるのです。

ビジネスのコミュニケーションは、何らかの行動につながってこそ意味を持ちます。ほとんどのケースでは、相手を動かすことをゴールにすべきです。相手が動くために、できることをすべてやりきるつもりで、プレゼン前の準備やプレゼン後のフォローも含めた全体のコミュニケーションを組み立てましょう。

▼ 1分で伝える

1分で話せない人、つまり長々と話しても伝わらない人は、話がてっぺんのないピラミッドになっています。**つまり、結論となる主張がありません。**「Aさんもいいと言っています」とか「お得意さんも喜んでいました」とか「実際に数字も上がっています」というような報告になっていませんか？　上司からしたら結論がわからないため「で……？」という反応になってしまいます。ピラミッドがしっかりしている人は、次のように報告します。「これが結論です」、「理由はAでBでCだからです」。こういう報告であれば、上司も「わかった」と納得しやすく、スムーズなコミュニケーションをとることができるようになります。

ビジネスマナーや話し方のトレーニングを受けた人なら誰でも、**「結論を先に」**と言われたことがあるでしょう。では、結論を出すためには何をすればいいのでしょうか。案外これが難しいのです。著者は、「考える」ことだと言い切っています。「考える」とは、**「自分の中にあるデータや自分の外にあるデータを加工しながら、結論を導き出すこと」**なのです。

反対の立場をとる人が傷ついてしまう、自信がないからちょっとぼやかしておこう、といって結論を出さないのは、日本人に特徴的な考え方かもしれません。たしかに、相手が自分の思った通りに動いてくれるかはわかりません。でも一旦動いてほしい方向を示すことで、意義のあるコミュニケーションが始まるのです。

わかりやすい話は3つというマジックナンバーでまとめられています。結論の根拠として示すのは3つを目安にします。1つだと根拠が弱い印象を与えてしまいますが、3つあれば説得力が高まります。主張を述べた後、理由は3点あって……と続けていけば、聞き手の頭の中にまず話の骨組みが形作られます。あとは、話を続ければ、その中身を埋めていってもらえるのです。

ピラミッドの基本形ができたら、言葉を削っていくと良いでしょう。例えば「基本的には」「先に述べたように」「の観点で」のようにあってもなくても意味が通じる言葉は削ります。また、「ブラッシュアップしていきます」のようなカタカナ言葉を「磨いていきます」といったひらがなの言葉に変換していきます。スッキリ、カンタンにすることで、話がぐっと伝わるようになるのです。

▼ 1分でその気になってもらう

結論と3つの根拠という枠組みができれば、いわゆる論理的なコミュニケーションの出発点に立った状態です。ただ、ロジカルに伝えるだけでは、人は動いてくれません。**大切なのは相手の頭の中にイメージを浮かべてもらうことなのです。**そのために、直接イメージ画像を見せるという手段もあるでしょう。写真や絵はそのための強力なツールとなります。ただ、いつも写真や絵が出せるわけではありません。むしろほとんどの会話ではイメージを見せることはできません。そこで、「たとえば」と言って具体的な事例を伝えるのです。

ピラミッドの頂点には、結論をおきました。そして、2段目には3つの根拠をあげました。さらに、3段目に「たとえば」という言葉を伝えながら、事実を組み込むのです。その事実はピラミッドの2段目の1つの根拠に対して、1つか2つあれば十分でしょう。そうして、3段構造のピラミッドを完成させていきます。

会話の流れは、「結論」→「根拠」→「たとえば」という3段ピラミッド構造になります。

ここまでくれば、大枠は完成です。1分で話せる状態にぐっと近づいています。その気になってもらうためには、もう一押しです。「たとえば」のところでは、**「想像してみてください」**と言うのは効果的です。「想像してみてください。空腹の時に牛丼屋さんに入った時のことを」と伝えれば、聞き手の人が美味しく牛丼を食べるシーンを思い浮かべてくれます。

このように**論理とイメージの組み合わせで伝えれば、コミュニケーションの目的が達成できる確率が高まります。**

▼ 動いてもらうことがゴール

「結論」→「根拠」→「たとえば」という黄金の組み合わせで、相手に1分で伝わるコミュニケーションをしたとしましょう。話の内容が伝わったら、あとは相手にずっと覚えてもらいたいですね。話を理解してもらえても、「あの時、言われたことは何だったかな」というぼんやりとした記憶にとどまったら、もったいないです。

そこで話の内容を思い出すキーワードが威力を発揮します。伝えたいことを「一言のキーワードで表す」のです。著者がEコマースの戦略をソフトバンクの孫社長に語ったのは、納期をあいまいにするのではなく明快にすれば受注率が上がる、というプランだったそうです。その仕組みのことを、著者は「キチリクルン」という「超一言」にまとめました。ポイントは、覚えやすく、プレゼン全体を表現するようなキーワードにすることです。

「超一言」の威力は絶大です。プレゼン後には、孫社長から、「君のキチリクルン、いいねぇ～」という評価をしてもらったそうです。そのプレゼンの内容は、何年か経った後もその場にいた聴衆の方々も「キチリクルン」という言葉とともに鮮明に覚えています。ピラミッドの形で全体を構成した後、思い出すきっかけを組み合わせれば、多くの人の心に残り、行動につなげることができるのです。

自分ならではの解を見つける閃きポイント

親の心子知らず、という言葉があります。親子ほどではないかもしれませんが、ビジネスでも**上司の立場になって考えてみると、理解がより深まることがあります。**一度、報告を受ける側になったことを想像してみましょう。

仮にあなたがマネージャーだったとします。次々と見える課題に向き合って、未来を見据えた対処方法を考えることで頭はいっぱいです。報告を受けるときも、その内容に100％集中できないかもしれません。そして、報告を受けてはいるのですが、どうも話の論点がよくわからない状態だとします。相談ではなく愚痴なのか、自由に話すディスカッションなのか、意思決定を求められているのか、といったことすらもよくわかりません。さらにはその報告の意図も推察する必要があります。報告者本人の個人的な利益が目的なのかもしれません。純粋に組織全体の利益のための報告かもしれません。そのように様々なことに考えをめぐらせるのは、とてもエネルギーを使います。

だからこそ、報告を受ける立場では、何が主張で、根拠は何で、具体的にどのような現象が根拠を支えているのか、ということが「1分でわかる」ととてもありがたいものです。悩む必要のないところで悩まず、時間をかける意味のあるところに意識が向くからです。そして、スムーズに結論が出たときは、爽快な気分を味わえます。そのようなスムーズなやり取りをするためには、報告する側の心得として、本書の型を最大限利用することをおすすめしたいです。

はじめに、「方針をこの場で決めたいのですが」などと前置きした上で、「結論」→「根拠」→「たとえば」という順で話せば、マネージャーからの印象はずいぶん変わることでしょう。他の人と似た内容を話していたとしても、「この人は想いがしっかりとあるし、コミュニケーションが効率的だから、もっと大事なことを任せても大丈夫そうだ」と思ってもらえるに違いありません。

しびれる一文と解説

「正しいことだけを言っても人には伝わらないんです。一言ひとことに思いを込めましょう。そして思いを込めたあとは、「今あなたの話を聞いている、目の前の相手」に「声を届ける」ということを意識しましょう。」（P195）

ここがコミュニケーションにおける最後の一押しだと思います。正しいことを伝えているつもりでも、なぜか相手が動いてくれない、という経験のある人がほとんどではないでしょうか。私は経営コンサルタントだったとき、**「正しい分析をスマートに出せた、あとはクライアントに実行してもらうだけだ」**と思った時ほど、この罠に直面したものです。

一番の原因は、私が相手の事情に寄り添っていなかったからだと思います。多くのクライアントは正しいと思って自分の業務を行っています。上司がそうするように指示をしているのかもしれませんし、先輩から引き継がれてきた業務を行っていることもあるでしょう。まだ20代の若輩者からその業務の効率が悪いと言われたところで、動けないものなのです。

痛い目を何度も見た後、私は提案するときの主語を**「あなたたち」から「私たち」に変えることにしました。**クライアントのことを「御社」ではなく、**「われわれ」「私たち」**と表現することにしたのです。自分がクライアント先の社員だと思って、改革案を提案するように態度を変えました。その後、不思議と提案が通って施策が動くようになりました。その違いを生んだのは言葉の効果だけではありません。自分が話す改革案自体も変わったのです。クライアントの歴史的な経緯も配慮するようになり、施策を動かすためのキーマンは誰でどう説得すべきか、というところにも意識が向くようになりました。

そのように、言葉に思いを乗せることには威力があります。思いを乗せるためにはその瞬間の努力だけではなく、準備段階の行動も変える必要があります。その努力を経て、自分の思いを言葉に乗せることができれば、話す内容にも強さや迫力が出て、プレゼンがうまくいくようになるでしょう。

これからの時代を生きる人へ

コミュニケーションほど、毎日行うのにトレーニングを怠っている領域はめずらしいように思います。最近では、ロジカルシンキングだけでは仕事にならない、というようなことが語られています。しかし、それは誤解です。ほとんどの人にとって、**ロジカルシンキングや論理的な伝え方ほどに強力な武器は他にありません。**

論理的に伝えられるようになってから、はじめてその型を崩すことに挑戦したらよいのです。『1分で話せ』で語られていることを、徹底したことがなければ、一度あれこれ考えずにそっくり真似てみた方がいいでしょう。意識せずにできるようになってから初めて、自分の独自の型を模索しましょう。本書で語られている内容は、先人たちの叡智の結晶と言えるものです。それがこれほどに応用しやすい形でまとめられているのは、読者としてありがたい限りです。

著者のプレゼンテーションを一度聞けば、きっとその生き様のファンになることでしょう。人を動かすことができるプレゼンをできる人はそう多くありません。その貴重な1人になるための入り口が読者には開けているのです。

本書には裏話があると聞いたことがあります。原稿を仕上げるまで、著者は「1分で話せ」とは一度も言ったことがなかったのだそうです。原稿を読んだ編集者が、「羊一さん、つまり1分で話せ、ということですね」と言われたそうです。そしてこの大ヒット作が完成していきます。本書には1ページ目から最後のページまで、著者の強い想いが乗った言葉がつづられていて、自分もプレゼンが上手になりたいと背中を押してくれる一冊です。本書を読み実践すれば、社会人としての武器を手に入れられるだけでなく、自分の生き方にも自信を与えてくれるように感じることでしょう。

ビジネス書グランプリ2020
ビジネス実務部門賞

メモの魔力
The Magic of Memos

著者：前田 裕二
出版社：株式会社幻冬舎
発売日：2018年12月25日
定価：1400円＋税
ページ数：254ページ

テーマ

メモを制する者は人生を制する！
自分のメモが知的生産の拠点になる！

著者情報

▼ **前田　裕二（まえだ　ゆうじ）**

SHOWROOM株式会社代表取締役社長。1987年東京生まれ。2010年に早稲田大学政治経済学部を卒業後、外資系投資銀行に入行。11年からニューヨークに移り、北米の機関投資家を対象とするエクイティセールス業務に従事。数千億〜兆円規模の資金を運用するファンドに対してアドバイザリーを行う。13年、DeNAに入社。仮想ライブ空間「SHOWROOM」を立ち上げる。15年に当該事業をスピンオフ、SHOWROOM株式会社を設立。同年8月末にソニー・ミュージックエンタテインメントからの出資を受け、合弁会社化。著書『人生の勝算』はAmazonベストセラー1位を獲得。

目次

グランプリを受賞した背景

『メモの魔力』。まずこのタイトルが秀逸です。本書の前半はメモの取り方や人生に応用できる知見の蓄積方法が述べられます。後半になるにつれ、どのように人生を変えるのかに話題がシフトしていきます。メモという身近なテーマが軸にあると思って読んでいると、次第に自分の人生をどうしたいかを考える方に導かれていくのです。これだけ、インパクトのあるタイトルでありながら、内容とぴったり合っている本もめずらしいかもしれません。

本書を読み解くと、メモにはアウトプットを繰り返して思考を深める要素があるということと、メモの余白に考えを書くことで、自分の意思を強める効果があることに気が付きます。**メモを多く書き続ければ、自分自身に気づくこともあるでしょう。そしてメモは、書くことで気づいた自分の目指す姿を実現する促進剤にもなる、好循環を作り出すエンジンなのです。**

皆さんは将来も今のままの自分だったとしたら、その成り行きに満足できますか？　少しでも変えたいという願望があるのなら、『メモの魔力』は強い原動力になるでしょう。

この本の全体像

▼「記録」ではなく「知的生産」のためのメモ

なぜメモを書くのでしょうか。メモには2種類あるといいます。一つ目は、情報や事実を保存しておくための「記録のためのメモ」です。多くの人がメモというとそのことを指すように感じるかもしれません。例えば、子供がお母さんに買い物を頼まれたとき、卵、牛乳、納豆……とすべてを覚えておくことは難しいかもしれません。そのようなときは情報を記録する目的のメモが役に立ちます。しかし、本書で強調したいのは、メモの底力が現れるもう一つの意義にあります。

それは、二つ目の意味である「知的生産のためのメモ」です。メモは備忘録としてのものにとどまらず、知的生産に使ってこそ初めて本領が発揮されます。**知的生産のためのメモとは、私たち人間が「人間にしかできないこと」をしていくために、新しいアイデアや付加価値を自ら生み出すことを強く意識したメモのことを指します。**独自の発想やセンス、視点でアイデアを創出するように、より希少性が高く、大きな付加価値を生み出すためにメモを活用するのです。

メモによって鍛えられる5つのスキル

①アイデアを生み出せるようになる（知的生産性の向上）

本書で紹介されているメモの取り方をすれば、アイデアを創出するための大切なパートナーになっていきます。

②情報を「素通り」しなくなる（情報獲得の伝導率向上）

日常で素通りしてしまっている情報は驚くほど多いものです。会議や会食、講演などの場面でどれだけの情報をキャッチできているでしょうか。きちんとメモをとる習慣を身につければ、有用な情報をキャッチするための「アンテナの本数」が増えるのです。

③相手の「より深い話」を聞き出せる（傾聴能力の向上）

著者はラジオ番組に出演した際に、自分自身で話しながらひたすら台本やノートにメモをしている様子を見たゲストの方から、「嬉しい、すごく気持ちがいい！」と言われたそうです。すると、今までゲストが話したことがないような深い話を聞き出せたのです。このように紙に書いたメモには人の心を動かす力があります。

④話の骨組みがわかるようになる（構造化能力の向上）

メモをとるためには、何をどこに書くのかということを瞬時に考えていく必要があります。議論の構造を明らかにしていくことを通じて、話の骨格や話していることの階層を強く意識できるようになります。

⑤曖昧な感覚や概念を言葉にできるようになる（言語化能力の向上）

メモをとるということは、言葉にするということを必然的に繰り返すことを意味します。言葉にしてアウトプットをし続けることで、言語化能力が磨かれ説明能力も身につくのです。

▼魔力をもつメモの書き方

メモはノートの見開き2ページを使います。左のページに事実を右のページに発想を書きます。右のページに余白があることで思考が活性化するのです。では具体的にメモの書き方に入っていきましょう。

左側のページに書くのは、どこかで見聞きした客観的な事実（ファクト）です。ミーティングであれば、そこで交わされた会話の内容になります。まず左のページの5分の1くらいのところに縦線を引いて、「標語」のための列を作ります。線の右側には事実情報を書きます。そのエッセンスを一言で表現したり、キャッチーなネーミングを付けたりするために、左のスペースを使います。

右側のページは、本書で提唱している知的生産メモの最重要箇所になります。右のページは真ん中に縦線を引いて半分に分けて使います。その左側には、左ページの「ファクト」で書かれている内容を「抽象化」したことを記載します。抽象化することにより、より一般化されるので他のことに応用しやすくなるのです。そして右ページの右側は、抽象化した気づきを別の何かに適用して、実際の行動を変える言葉を書く「転用」に使います。

抽象化までで止まってしまうと、単なる評論家になってしまうかもしれません。転用することを通じて、自分の日々が、人生が、変わっていくのです。

▼ メモで自分を知る

メモにより抽象化や転用ができたとしても、自分を串刺しにする本質的な人生の軸が定まっていなければ、特に倒したい敵もいないのに剣を持ってたたずんでいる戦士のようなものです。**「自分とは何か？」「自分が本当に望んでいるものは何か？」**それらの問いへの答えは難しく思えるかもしれませんが、メモこそが答えを導いてくれるのです。

情報があふれて混沌としている時代では、迷っていない人が最強で、言い換えればやりたいことが明確な人が一番幸せです。コンサルタントの波頭亮さんは、これからの時代は、自分がやりたいことや、美意識が明確な順に豊かであり、お金がいくらあってもそれらがなければ不幸になるかもしれない、と言ったそうです。

ではメモを手に取り、自分を知ったとして、どうすればやりたいことが見つかるのでしょう。そこで登場するのは**「タコわさ理論」**です。例えば明日地球が終わるとしたら今夜何が食べたいかを考えるとします。普通の小学生だったらカレーやハンバーグといった答えになるでしょう。そこで「タコわさ」と言う小学生は渋いですよね。そもそもその話が出にくいのは、多くの小学生はタコわさを食べたことがないからです。**つまり、経験していないことはやりたいとも思えないのです。経験の数を増やして、やりたいことを見つける確率を上げていきましょう。**

▼メモで夢をかなえる

「夢を紙に書くと現実になる」という話は、どこかで聞いたことがあるかもしれません。ではなぜ言語化すると夢は現実になりやすいのでしょうか。

「引き寄せの法則」と呼ばれることもあります。

一つは、マインドシェアが高まるからです。書くという行為が記憶に強く残すことにつながります。夢へのマインドシェアが高まるほど、そのことについて考える時間が長くなります。すると、現在の地点との差分を埋めるための努力方法が見いだせ、障害や課題を乗り越えやすくなります。

もう一つは言霊（ことだま）の力です。例えば、「アーティストになって多くの人に音楽で感動を与えたい」と話している人がいたとしましょう。その頑張りを見ている周りの人から、レコード会社の人を紹介されることや、ＳＮＳでシェアをされることがあるかもしれません。言葉にすることによって、自分が向かいたい方向に導いてくれる仲間が増えていくのです。

さて、あなたは「メモ魔」になる心の準備ができましたか？　お気に入りのメモ帳は持っていますか？　人生の勝負を分けるのは熱量の大きさです。実際に行動を起こすことが大切です。熱の光が照らす道を進む具体的な一歩を踏み出していきましょう。

自分ならではの解を見つける閃きポイント

『「仕事ができる」とはどういうことか？』で著者の楠木建さんと山口周さんが語っているように、仕事ができる人は「具体と抽象の往復運動」が上手だといいます。**具体的なことにだけしか考えが及ばない人は、なぜそれが正しいのかについての論理的な説明が弱くなりがちです。一方で、抽象的なことだけを話す人は、地に足がついていないように見られて、言っていることは正しいけれども「だから何？」と思われてしまいます。**

本書で語られている「事実」「抽象化」「転用」というメモのスキームは、その問題を鮮やかに解決するものです。具体的な事象である事実（ファクト）が根拠となって、より汎用化された抽象的な示唆を得ます。ひとたび抽象化がなされると、視点が格段に上がるため応用範囲が広がります。普遍的な真理に一歩近づいた状態とも言えるでしょう。抽象化された示唆はカバー範囲が広がるため、自分の具体的な課題に応用しやすくなります。そして、転用により自分自身の課題解決や、アイデア創出に活かせるのです。転用までいくと、また具体的なアクションに結びつきます。

その応用編も考えられます。例えば、今すぐに転用することができない、抽象化にとどまる示唆があるかもしれません。私はそれでも十分意味があると思っています。抽象化までにとどまった示唆だったとしても、それを記録しておくことで、また新しい出来事に直面した時に転用の機会が得られるからです。「そういえばこの間のあれを使えば、この問題は解決するな」と気付くシーンはまさにそうです。そのヒントになる抽象化された示唆は、ビジネスモデルであったり、うまくいった販促施策からの示唆だったり、業務効率化の方法論であったりするかもしれません。

生きている中で印象に残った事実があれば、一度抽象化した上で、できれば今すぐにそれが転用できることはないかを書き留めることが肝要です。転用できなかった事象についても、それは決して無駄にはならず、転用できる機会に応用することで、その記録は再び息を吹き返して私たちの人生の糧になるのです。

しびれる一文と解説

「「なぜ流れ星を見た瞬間に願いを唱えると夢がかなうのか?」」、考えてみたことがありますか?(中略)「流れ星を見た一瞬ですら、瞬間的に言葉が出てくるくらいの強烈な夢への想いを持っているから」です。」(P147)

小学校の卒業文集で将来の夢について書くことがあります。私たちは七夕に願い事を短冊に書きます。初詣に行けば、今年の抱負を祈ります。会社はミッションやビジョンを掲げ、年度が始まる際には年度計画を発表します。これらはほとんど同じ効果があります。願い事に現実を近づける引き寄せの効果です。

言葉にすることには、大きく2つの意味合いがあると感じています。まずは自分のイメージの解像度が上がるということです。言葉にすると、それってどういうことなのか、周りの人から聞かれることが多くなるでしょう。その説明を繰り返していくうちに、言葉にしたことのイメージが頭により鮮明に浮かぶようになるのです。大きなことであればあるほど、人はイメージしたものしか実現できないものです。イメージが具体的であれば、その達成の道もクリアになっていきます。

もう一つは本書で語られているように周りの人のサポートを得やすくなるということです。私たちはどのような想いを持っていたとしても、以心伝心やテレパシーのように相手に伝えることはほとんど不可能です。自分の願いを表明して初めて、周りの人も何をすればその人の助けになるのかが理解できるのです。流れ星を見た一瞬でその願いを言葉にできるように、私たちはきっと自分の願いについて何十回も考えているはずです。反射的に願い事が言えるようになっていれば、言えない状態よりもずっとその道は拓けてくるでしょう。

これからの時代を生きる人へ

著者は8歳で両親を亡くし、貧困の中で勉強もまともにできない日々が続きました。そのため、優れた環境に置かれた人たちに絶対に負けたくない、という強い想いがあるそうです。そして、その運命に打ち克って、逆境自体を正当化するのだ、と考えました。

その原体験が著者を圧倒的な努力に駆り立てました。そして努力の一つの象徴がメモにあるといいます。メモ一つをとってもこの熱量です。その人生全体ではどのようなエネルギーを発しているのか、想像ができないくらいです。

私たちは誰もが、はっきりとはしていなかったとしても、何らかの願いを持っているものです。それは人の役に立ち、社会的な意義のあることをするというものでなくても良いと、著者は言います。お金持ちになりたい、モテたい、良い車に乗りたい、というような一見、俗ともいえるものでも、欲望があることは人間らしくてとてもいいのです。

凄いと感じさせる経営者は多くいますが、例えば孫正義さんは、その際限のない欲求こそが強みの源泉だと思っています。以前、孫さんは売上を1兆2兆（1丁2丁）と豆腐のように数えるようなビジネスをすると言いました。すでにソフトバンクは巨大企業になりましたが、今度は時価総額を200兆円にするというビジョンを掲げています。これは事業家としては素晴らしい長所です。その限りない夢に魅せられる人は多くいます。

さて、あなたにはどのような夢がありますか。そして、どのような欲望がありますか。それをかなえるためには、人並みの努力では足りないでしょう。著者のように、メモを効率的かつ徹底的に取るという圧倒的な努力の姿もあります。日々の生活の中で、毎日一歩でもその夢に近づいていきたいものです。

『メモの魔力』は著者のスター性もあいまって、**「メモ魔塾」**というオンラインサロンのように強い求心力を持つ、もはやムーブメントと呼べる現象を起こしています。それゆえに少し本書と距離をおいていた人もいるかもしれません。しかし私は実際にこの本を読んで、さすが大ヒットするだけのことがある、本物の本だと感じました。本書は面白い知識を与えようという本ではありません。**「読者の人生を変えよう」**、**「一人でも多くの人の夢をかなえよう」**という、強い意志を感じる本です。その魔力を身にまとい、人生という難題を操ってみてはいかがでしょうか。

仕事に活かせる本質に刺さった本に出会えば、毎日の生産性は劇的に変えられる。

ビジネス書グランプリ2019
ビジネス実務部門第2位

学びを結果に変える
アウトプット大全

OUTPUT
THE POWER OF OUTPUT : How to Change Learning to Outcome
学びを結果に変える
アウトプット大全
精神科医
樺沢紫苑
説明
アイデア
雑談
交渉
etc...
すべての能力が最大化する
日本一情報を発信する精神科医が贈る
脳科学に裏付けられた
伝え方・書き方・動き方

著者：樺沢 紫苑
出版社：サンクチュアリ出版
発売日：2018年8月3日
定価：1450円＋税
ページ数：270ページ

テーマ

インプットとアウトプットの黄金比は3:7！　7割のアウトプットを行うための具体的な方法とは？

著者情報

▼**樺沢 紫苑**（かばさわ しおん）

精神科医、作家
1965年、札幌生まれ。1991年、札幌医科大学医学部卒。2004年からシカゴのイリノイ大学に3年間留学。帰国後、樺沢心理学研究所を設立。
SNS、メールマガジン、YouTubeなどで累計40万人以上に、精神医学や心理学、脳科学の知識・情報をわかりやすく伝え、「日本一、情報発信する医師」として活動している。
月に20冊以上の読書を30年以上継続している読書家。そのユニークな読書術を紹介した『読んだら忘れない読書術』（サンマーク出版）は、15万部のベストセラーに。その他、『いい緊張は能力を2倍にする』（文響社）、『脳のパフォーマンスを最大まで引き出す 神・時間術』（大和書房）など、28冊の著書がある。

目次

▼**CHAPTER1 アウトプットの基本法則 RULES**
アウトプットとは？ アウトプットの定義
アウトプットの基本法則1
アウトプットの6つのメリット など

▼**CHAPTER2 科学に裏付けられた、伝わる話し方 TALK**
01 話す1 昨日の出来事を話すのも、立派なアウトプット
02 話す2 ポジティブな言葉を増やすだけで幸せになれる
03 話す3 悪口はネガティブ人生の始まり
04 伝える1 見た目や態度は口ほどにものをいう など

▼**CHAPTER3 能力を最大限に引き出す書き方 WRITE**
31 書く 書けば書くほど、脳が活性化する
32 手で書く タイピングよりも圧倒的な手書きの効果
33 書き込む びっしり書き込まれた本は、学びの軌跡
34 書き出す1 頭の中にある情報を、写真のように残す作業 など

▼**CHAPTER4 圧倒的に結果を出す人の行動力 DO**
60 行動する 「自己満足」を「自己成長」に変える
61 続ける 結果を出すための究極の成功法則
62 教える1 自己成長に最も効果のあるアウトプット
63 教える2 探せば見つかり、ないならつくればいい

▼**CHAPTER5 アウトプット力を高める7つのトレーニング法 TRAINING**
その1 日記を書く
その2 健康について記録する
その3 読書感想を書く など

グランプリを受賞した背景

普段の仕事だけで将来のキャリアに向けた準備ができるような、めぐまれた環境にいる人はほとんどいません。ほぼすべてのビジネスパーソンは仕事を補完する学びをし続けなければ、自分のスキルが陳腐化する恐怖に直面してしまいます。

読書法や情報収集などのインプット法について語られた本は数多くあります。そのような中で本書が特徴的なのは、**内容がアウトプット法にしぼられている点にあります。**アウトプットこそが学びの成果に直結するという本書の教えに、はっとした読者は多いのではないでしょうか。『アウトプット大全』という名の通り、多様な方法が網羅されていることも読者から支持されているポイントでしょう。

刊行後、大ヒットを続ける本書はアウトプット法の定番書と言える存在になっています。効率よく身につく学習をしたいと思う方であれば、まず目を通すべき一冊です。

この本の全体像

▼アウトプットの基本法則

そもそも「アウトプット」とはなんのことでしょうか。インプットは脳の中に情報を入れることを表し、「読む」「聞く」が該当します。アウトプットは脳の中に入ってきた情報を脳の中で処理し、外に出力することで、「話す」「書く」「行動する」ことを指します。言い換えれば、アウトプットは現実世界に変化を起こすアクションだと言えます。

著者によると、月10冊読んで1冊もアウトプットしない人と、月3冊読んで3冊アウトプットする人では、3冊アウトプットする人の方が成長するのだそうです。「書く」「話す」際には、必ず体を動かします。このように運動神経を使った記憶は、**「運動性記憶」**と呼ばれます。運動性記憶の特徴は、一度覚えるとその後はほとんど忘れないということです。**運動がともなう記憶の際には、脳の中では小脳を経て、海馬を経由して、大脳連合野に蓄積されます。経路が複雑なため、多くの神経細胞が働き、記憶が定着しやすくなるのです。**

▼効率的に長期記憶する方法

人間の脳は、重要でない情報は忘れ、重要な情報を長期記憶として残す働きをします。では重要な情報とはどのような情報でしょうか。答えは、何度も使われる情報です。脳に入力された情報は、「海馬」に仮保存されます。2〜4週間の間にその情報が何度も使われると、脳はその情報を重要な情報と判断し**「側頭葉（そくとうよう）」**の長期記憶に移動するのです。お金を貯める金庫のような働きをする側頭葉に記憶されれば、その記憶は長期間覚えていることができます。

その仕組みを利用して長期記憶を残すためには、2週間で3回以上アウトプットすることが有効です。問題集を3回解きましょうと子供のころに言われたことがあるかもしれません。それには科学的な根拠がともなっていたのです。

ほとんどの人は学ぶ際にインプットが多い傾向があります。読書、セミナーなどのインプットの時間が、話す、書くというアウトプットの時間よりもずっと長い人が多いと言われています。著者の調査によれば、多くの人のインプットとアウトプットの比率はおよそ7対3になっています。大学生も社会人も同様の傾向と言われています。

しかし、この比率は適切ではありません。コロンビア大学のアーサー・ゲイツ博士の実験結果を見てみましょう。実験の中で、小3から中2までの100人以上の子どもに、ある人物プロフィールを暗唱するように指示しました。覚える時間（インプット時間）と練習する時間（アウトプット時間）の比率をグループごとに変えていき、最も良い結果を出す比率を調べました。結論としては、覚える時間が30％、練習する時間が70％の比率の時に最も高得点となりました。つまり、インプットとアウトプットの比率は3対7が最適なのです。多くの人の実態の比率と逆転している点に注目です。**実際にはアウトプットにはインプットの半分以下の時間しか使っていない人が多いのですが、比率を逆転させ、アウトプットに2倍以上の時間を使うことが効果的なのです。**

▼ 効果的なアウトプット方法 ～話す～

最も簡単なアウトプットは話すことです。読んだこと、聞いたこと、自分が体験したことを誰かに話してみましょう。1週間に3度、本の感想を人に話すことができれば、「2週間に3回使った情報は、長期記憶される」という法則をクリアします。感想を話すときには、自分の意見や気づきをひとつでもいいので盛り込むといいでしょう。そこにあなたらしさが込められて、相手も興味を持って聞いてくれるようになります。

居酒屋のサラリーマンはネガティブな発言が多くなりがちです。そのような話が多い人は、仕事も人生もうまくいかない傾向があります。その一方で、ポジティブな言葉を発する人は仕事も人生もうまくいく傾向があるという研究結果もあります。ノースカロライナ大学の研究では、職場で話される会話のポジティブな言葉とネガティブな言葉の割合が大切ということがわかっています。その比率が3対1を超えるチームは、ビジネスでの成果も大きいといいます。最も業績の高いチームでは、6対1にも達していたそうです。**「話す」際には、ポジティブなアウトプットを心がけるようにしましょう。**

人間関係を良くするためには、雑談を増やすと良いと言われています。心理学の法則**「ザイオンス効果」**によると、雑談は内容よりも、回数の方が重要だといいます。接触回数が増えるほど、人の好感度は高くなるものなのです。話す内容に気が取られて声をかけないよりも、とりあえず声をかけようという気軽な気持ちで雑談をしていくといい効果が得られるでしょう。

▼ 効果的なアウトプット方法 ～書く～

勉強をするときには、書いて覚えなさいと言われたことがあるかもしれません。アウトプットの基本の1つは書くことです。脳科学によると、書くことにより脳幹網様体賦活系（RAS）を刺激できるといいます。RASは脳幹から大脳全体に向かう神経のネットワークに位置付けられます。ドーパミン、セロトニン、ノルアドレナリンの神経系も、RASから脳全体に投射されます。**「書く」ことは、脳にその対象が重要であることを認識させ、記憶に残る効果を高めてくれるのです。**

「手で書く」のと「タイピング」を比較すると、手で書く方が勉強効果が高いという研究結果があります。手書き中とタイピング中の脳の働きをMRIでスキャンしたところ、手書き中の時にだけ、言語処理に関わる脳の部位が活性化されていることが明らかにされました。つまり、効率よく学びたいのであれば、ノートは手書きにした方がよいのです。

書くアウトプットを習慣にしたら、アイデア発想にもつながります。ただ、「すごくいいアイデアを思いついた！」と思っても、3分後にはすっかり忘れてしまったという人も多いはずです。人は何かに気付いた時に、脳の神経回路がつなぎ変わり**「アハ！体験」**と呼ばれる、神経細胞のつなぎ変えが起こります。しかし放っておくとそのアイデアを忘れてしまいます。気付きを得たら、30秒以内にメモを取れば記憶の定着につながります。

そのアイデアのひらめきのタイミングにはくせがあります。**「ひらめいた！」**と思ったときの脳の状態は「ぼーっとしている」ときの脳の状態とほぼ同じなのだそうです。ひらめきが必要なときは、「創造性の４Ｂ」を意識すると良いでしょう。創造性が発揮されやすい４Ｂとは**Bathroom（入浴中、トイレ）、Bus（バス、移動中）、Bed（寝ているとき、寝る前、起きたとき）、Bar（お酒を飲んでリラックスしているとき）の４つのことを指します。**ひらめくためには、がむしゃらに考えるだけでなく、あえてぼーっとした時間を持つことが、意外にも重要なのです。

▼効果的なアウトプット方法 ～行動する～

行動によるアウトプットにも様々あります。ここでは「教える」ことに注目します。アメリカ国立訓練研究所の研究から、講義を受けただけの状態では平均の記憶率は5％ですが、読んだ人は10％、グループ討論で50％、体験で75％、そして他人に教えた経験により90％にまで高まると言われています。**人に教えるにはあらかじめしっかり理解する必要があるため、インプットの質が自然と上がります。**その上、話すことを通じてアウトプットも行うことができるのです。何かを習得する際には、人に説明できるレベルの理解を目指すとともに、実際に教える行為をすることが効果的です。

それでは、どのように教える状況を作るのが良いのでしょうか。まず、友達同士で教え合うことが気軽で良いでしょう。さらに、少しチャレンジして講師を引き受けるとより大きく成長できます。多くの人は「私はまだ不勉強なので」と遠慮しがちです。しかし、不勉強だからこそ、積極的に講師を引き受けて、自分の知識を深めて人にアピールする機会を作りましょう。他にも、勉強会を立ち上げることや、プロ講師になる、という方法もあります。セミナーで一番勉強になるのは、間違いなく講師です。講師を引き受けられるようになれば、学ぶことが自然と促進されるので、本を出版できる専門家になることも夢ではなくなります。

自分ならではの解を見つける閃きポイント

インプットとアウトプットの特性の違いに驚いたかもしれません。私もここまでの効果の差があることに正直びっくりしました。ただそれ以前の問題に注目しておきたいと思います。それは、インプットもアウトプットもしていない状態になっていないか、ということです。

例えばあまり考えをめぐらせず、漫然といつも通りの定型業務をしている時間は、アウトプットはおろかインプットにすらなっていないかもしれません。慣れたことしかしていないような、新しいチャレンジを長くしていない状態は、スキルの停滞にもつながります。

居心地がよく新しい刺激の少ない**「コンフォートゾーン」**にいる時間は、心の落ち着きを得る、という意味では効果があるかもしれませんが、何かを学ぶという目的には効果的ではありません。**コンフォートゾーンから一歩踏み出て、自分の能力を超えるような「ラーニングゾーン」に足を踏み入れなければいけません。**居心地のいいコンフォートゾーンから抜け出し、ラーニングゾーンに自分を位置付け、冷や汗をかきながら新しいことを習得する時間を大切にしたいものです。

しびれる一文と解説

学習の効率化という観点でのアウトプットの流行に対して、本書が果たしている役割は大きなものです。そして、本書のメッセージは次の文章に凝縮されているでしょう。

「多くの人は、「インプット過剰／アウトプット不足」に陥っており、それこそが「勉強しているのに成長しない」最大の原因ともいえます。インプットとアウトプットの黄金比は、3対7。インプット時間の2倍近くをアウトプットに費やすよう意識しましょ

う。」（P29）

自分はアウトプットをちゃんとしている、と考えていた人も、インプットとアウトプットの比率を3対7にできているかというとにわかに不安になるのではないでしょうか。私自身も、アウトプットは大切だと思ってはいましたが、正直に言ってインプットの2倍以上のアウトプットの時間が持てているかというとまったくもって自信がありません。

本書で語られているように、アウトプットしたものは記憶にずっと定着しているという実感があります。やはりアウトプットの機会をできるだけ作ることが大切です。本書を読んだら、楽しくアウトプットできる場を作ることを心がけたいものです。

TwitterやFacebookなどのSNSに学んだことを投稿するような気軽なアウトプットの始め方もあります。フライヤーでは学びメモという本からの学びをアウトプットする場を設けています。そのような場で毎日学んだことを投稿するのも効果的でしょう。現在はオンラインの場でも多くのコミュニティが存在しています。自分が強めたい領域を仲間と学び合えるコミュニティに参加をすることも良いでしょう。その他にも、メンターを見つけて積極的に話をする、ビジネススクールで議論をする、などの方法も考えられます。

楽しいと思うときに、人はドーパミンなどの物質が出て記憶力と思考力が上がると言われています。**せっかくアウトプットするのであれば、自分にあった楽しい場を見つけ、記憶の定着効率を高める工夫をしてみてはいかがでしょうか。**

これからの時代を生きる人へ

仕事をする中で、人と差がつきやすいのは、アウトプットに関わることです。プレゼンテーション、会議での発言やファシリテーション、人に協力をお願いするコミュニケーションといったアウトプットは仕事の成果に直結します。そして、形としての仕事の成果とともに、アウトプットをしている様子は周りのメンバーの印象にも残り、信頼が得られやすい業務でもあります。

本書で伝えられているように、アウトプットは学習の定着度を高める効果があります。加えて、プレゼンテーション等の重要な仕事をする訓練や準備にもなります。学びの定着と仕事の成果という、大切な2つの領域で効果があるアウトプットをやらない手はありません。

本書を通読すれば、『アウトプット大全』というタイトルの名の通り、アウトプットについての効果や方法について、はるかに理解が深まった自分に気づくことでしょう。学びというものは、何かを上達する過程で、必ず経なければいけないプロセスです。その効果を最大限に高める理論と具体的な方法を知ることにより、学ぶスピードがずっと上がるはずです。インプット後のアウトプットが学習の効果を高めるように、理論を知ったらあとは行動をすることで人生が変わっていきます。今、できることから、アウトプットを始めてみてはいかがでしょうか。

3

政治経済

政治経済の土台を理解しているから、
ビジネスパーソンとして一流になれる。

ビジネス書グランプリ2019
総合グランプリ

the four GAFA 四騎士が創り変えた世界

著者・訳者：スコット・ギャロウェイ著、渡会 圭子訳
出版社：東洋経済新報社
発売日：2018年8月9日
定価：1800円＋税
ページ数：456ページ

テーマ

GAFAに支配されず、したたかに
生き抜く方法をさぐろう。

著者・訳者情報

▼ **スコット・ギャロウェイ**

ニューヨーク大学スターン経営大学院教授。MBAコースでブランド戦略とデジタルマーケティングを教える。連続起業家（シリアル・アントレプレナー）としてL2、Red Envelope、Prophetなど9つの会社を起業。ニューヨーク・タイムズ、ゲートウェイ・コンピュータなどの役員も歴任。

2012年、クレイトン・クリステンセン（『イノベーションのジレンマ』著者）、リンダ・グラットン（『ライフ・シフト』著者）らとともに「世界最高のビジネススクール教授50人」に選出。

YouTubeで毎週公開している動画「Winners & Losers」は数百万回再生を誇るほか、TED「How Amazon, Apple, Facebook and Google manipulate our emotions（アマゾン、アップル、フェイスブック、グーグルはいかに人間の感情を操るのか）」は200万回以上閲覧された。

▼ **渡会 圭子**（わたらい けいこ）

翻訳家。上智大学文学部卒業。主な訳書に、ロバート・キンセル／マーニー・ペイヴァン『YouTube革命 メディアを変える挑戦者たち』、マイケル・ルイス『かくて行動経済学は生まれり』（以上、文藝春秋）、エーリッヒ・フロム『悪について』（ちくま学芸文庫）などがある。

目次

グランプリを受賞した背景

新約聖書の聖典『ヨハネの黙示録』で描かれた四騎士は、それぞれ地上の4分の1を支配し、剣、飢饉、悪疫、獣によって、地上の人間を殺す権威を与えられています。GAFA、つまり、グーグル、アップル、フェイスブック、アマゾンは現代に降臨したヨハネの四騎士のようです。

本書はGAFAを礼賛する内容ではありません。競争相手にとっての恐ろしさと狡猾さという、四騎士の経営者の内面を批判的にえぐり出す挑戦をした本ではないでしょうか。批判をしながらも、GAFAへのある種の敬意を感じさせるところが、この本の味わい深いところでもあります。

著者のスコット・ギャロウェイはビジネススクールの教授をしていますが、元々は起業家で、創業した会社や関わった会社はGAFAの前に何度も屈したそうです。

どの騎士も、有名な創業者がいて、熱狂的なファンを抱え、私たちがほとんど毎日のように触れているという共通項があって、驚くべき影響力を持っています。それでは、各社の裏の顔を探っていきます。

この本の全体像

▼アマゾン

創業者であるジェフ・ベゾスはコンピューターサイエンスの学位を持っている、ウォール・ストリートの会社から脱走した人に過ぎませんでした。しかし、次第に壮大なビジョンと常軌を逸した集中力で、一歩ずつ抜きんでていきます。

ベゾスは1994年に創業した自らのネットショップをアマゾンと名付けました。しかし彼はもう一つ別の名前も考えていました。今となってはそちらの方がアマゾンの実態を表しています。「relentless.com」(情け容赦ないという意味)という名前です。ベゾスはまだそのURLを持っているそうです。直近10年の主要小売業者の株価を見ると、アマゾンが約20倍になっている一方で、残りのほとんどの会社の株価は大幅に落ち込んでいます。

アマゾンは、「より多くのものをできるだけ楽に集めたい」という私たちの狩猟採集本能に訴えます。ワンクリック注文を実現した先には、ユーザーが、ゼロクリックで注文をするところまで視野に入れています。「世界最大の店」というビジョンに共感した投資家は、アマゾンに高い企業価値を持つことを許しています。**高い成長率をめざして利益をほとんど出さないスタンスを保ち、その余剰資金は事業に再投資されて、本来利益にかかるはずの税金を節約しています。**

アマゾン・ウェブ・サービス（ＡＷＳ）という高収益のクラウドサーバー事業を成功させ、ドローンや航空機といった配送網にも投資をしています。アマゾンの倉庫を見れば、驚くほど人がいないことに気づくでしょう。**競合企業の大量の雇用を破壊しながら突き進むベゾスは、セーフティネットである最低限所得補償制度の採用を望みながらも、自らの会社は税金を払おうとしていないのです。**

▼アップル

しばらく前まではアップルはコンピュータおたくであるギークが持つものでした。しかしそれはぜいたく品に置き換えられました。アップルの製品はロレックスやランボルギーニのような存在になりつつあります。ぜいたく品は合理性という点では意味を持たず、異性から性的に魅力的に映るために存在するのです。著者はアップル製品のことを「神」に近づくためのぜいたく品なのだと表現しています。

アップルはスティーブ・ジョブズというアイコン的な創業者とシンプルさを追求する職人気質に支えられて、企業として長生きできる高級ブランドというポジションを得ました。

アップルを高級ブランドに押し上げた最後の決め手は、スタイリッシュな店舗にあります。ニューヨークの5番街やシャンゼリゼを歩くと、ヴィトンがあり、エルメスがあり、アップルがあります。世界中にはりめぐらせた店舗網は、競合の攻撃から自社を守る深い堀になります。**彼らは新規参入者が高い壁を超えるために、どんどん長いはしごをつくり続けることを積極的に行なっていました。他社が追い付けないように、アップルストアを華やかに作り上げ、宗教的なイメージという高みに届かせているのです。**

▼ フェイスブック

フェイスブックは人類史上、世界で最も成功している企業の一社です。世界には中国人が14億人、カトリック教徒は13億人、そしてフェイスブックは20億人と意義深い関係を持っています。人は毎日35分をフェイスブックに費やしています。インスタグラムとワッツアップを合わせると50分です。ユーザーの1日のネット閲覧時間の6分の1にもなります。

フェイスブックはマーケティングのファネルの最上位にある、認知をつかんでいます。グーグルやアマゾンはその後の工程となる「比較検討」や「購入」の場所になっています。つまり、フェイスブックの方が製品やサービスの購買活動において、先に位置付けられるということです。

あなたが「いいね」を150件つければ、フェイスブックのモデルはあなたのことを配偶者よりも理解します。300件になると、あなた自身よりも理解できるといいます。そしてあなたがクリックしやすい記事を表示します。その多くは対立と怒りをあおるものです。実質的にはメディア以上の影響力を持ちながらも、彼らは自分たちをメディアと呼ばれることを嫌がっています。メディアではなくプラットフォームであると主張することで、本来抱えるべき責任を回避しているのです。

▼ **グーグル**

私たちは古代から知識に魅了されています。グーグルはすべての疑問に答えてくれます。人間は1日に35億回も視線を上にではなく下に落として画面を見ています。どんな質問をしても批判されることはありません。グーグルのアルゴリズムは有用な情報を大量に呼び出してくれます。まるで、神が介入したかのようです。

私たちはどれほど理解のある友人でも引いてしまうだろうことまで、グーグルに打ち明けます。神父にも伝えることができないような心の奥底にある秘密までも。だからグーグルは現代の神と呼ばれているのです。

皆さんはグーグルの検索履歴を誰にも見られないと思っているかもしれません。しかしグーグルは聞いているのです。グーグルは私たちが**「何をするか」**だけでなく、**「何をしたいか」**も知っています。あらゆる欲望を目撃し、そして記録しているのです。

グーグルは「世界中のすべての情報を整理する」というビジネス史上でも特に意欲的な戦略を進めています。グーグルマップ、グーグルアース、そして絶版書籍や報道データを集めるグーグル・ライブラリ・プロジェクトなどを通じて、他社を圧倒する情報量を手に入れています。

グーグルは圧倒的な市場優位性を誇っていながら、四騎士の中でも最大のアキレス腱である、独占禁止法違反への脅威にさらされています。当局から目を付けられないように、四騎士の中でも、最もおとなしくふるまい、スポットライトを避けています。

▼脳・心・性器を標的にする四騎士

アメリカの著名な投資家や経営者は、ビジネスで大きな成功を収めるには低コストでの大規模化が必要だと言っています。しかし、もっと深い次元で考える必要があります。進化心理学の見地からすると、成功するビジネスは、「脳」「心」「性器」に訴えかけるものだといいます。

脳はものごとを計算する合理的な存在です。複数の製品のうち、どれがお買い得なのか、どれが最も性能が高いのか、という判断をつかさどります。グーグルはペタバイト（テラバイトの1000倍）規模の情報へのアクセスを通じて、脳の機能の代わりをします。アマゾンはより多くのものを持つという、脳とものをつかむ指になります。脳をめぐる戦いにおいては、勝者は大きな株主価値を生み出す一方で、敗者には何も残さず、すべてをさらっていきます。

冷静な脳に費用対効果を判断させるよりは、心をターゲットにするほうが簡単で楽しいものです。心は巨大な市場を構成します。第二次世界大戦後の消費者マーケティングの多くは、心をターゲットにしていました。ブランド、スローガン、CMソングは自分の愛するものを思い出させるようにつくられていました。今、その心はフェイスブックが支配しています。強力なコミュニケーション手段によって、友人や家族や愛する人と自分のつながりを実感させます。

当初のアップルは頭に訴える、テクノロジーの世界の会社でした。しかしやがて、アップルは狙いを体のもっと下に移したのです。アップルの製品は、私たちの性的な魅力を手に入れたいという気持ちに間接的に訴えます。あなたの方がライバルよりも、エレガントで頭がよく、金持ちで情熱的だというように。そして、他社と比べて法外な利益を得て、史上最高に利益率の高い会社になりました。

四騎士の影響力の大きさを考えれば考えるほど、彼らは永遠に繁栄するように見えるかもしれません。しかし、ＧＡＦＡという巨大企業群に悩みがないわけではありません。帝国が大きくなりすぎると、スピードが失われ企業の勢いは衰えてきます。永続する会社は存在したことがなく、その死亡率は１００パーセントです。

自分ならではの解を見つける閃きポイント

ＧＡＦＡに打ち勝つ会社はどこにいるでしょうか。時価総額で見れば、すでにマイクロソフトは同規模以上になっています。ウーバーやテスラのようなプレーヤーもいます。また、中国からはアリババやテンセントがＧＡＦＡの背中を追っています。

それでもＧＡＦＡを打ち負かして退場させるのは簡単ではないようです。まず、ＧＡＦＡは経営者の能力が卓越しています。その例としてフェイスブックは、大胆なＭ＆Ａを続けています。社員がたったの13人という状態のインスタグラムに対して、10億ドルもの大金を払って買収をしたこともありました。メッセージアプリのワッツアップの買収には２００億ドルを払いましたが、今では20億人を超えるユーザーを抱えるサービスに育っています。グーグルのユーチューブの買収は、高い買い物と言われましたが、結果としては大成功だったように思います。

既に圧倒的な勝者であるGAFAが立ち止まることなく、次々と時代の先を買い占めていく様子を見ると、簡単には今の優位がくつがえらないように感じてしまいます。**我々はビジネスをする上でも私生活でも、しばらく、GAFAと共存しなければならないということを認識しておく必要がありそうです。**アプリを作る際にはグーグルのAndroidやアップルのiPhone上で動くものにした方がいいですし、店舗を開く際にはインスタグラムやグーグルで注目を集めることが大切でしょう。

しびれる一文と解説

「しかしCEOたちは私の話を聞いてほほ笑む。その笑みはポーカーでエースを握っている人間の余裕の笑みだ。そのエースとはデータである。」（P312）

スコット・ギャロウェイの講演では、四騎士への皮肉を込めて面白おかしく話が展開されていきます。直接GAFAを経営しているわけではないので、好き勝手に話すことができるのです。そこで話題にあがったGAFAの経営者は、講演を聞いても際立った反応は示さず、余裕の笑みをするのだと言います。

ポーカーのエースと評される保有するデータの量でも、現時点ではＧＡＦＡが他者を圧倒しています。それに類する企業は、マイクロソフト、アリババ、テンセントでしょうか。それ以外の会社は、現時点では大きく引き離されているように思えます。

これからＡＩの時代になっていくことは、ほぼ確実と言えるでしょう。その時代における優劣は、（ＡＩの優秀さである）アルゴリズムとデータ量で決まります。次の時代で重要となるデータの源泉をＧＡＦＡは巧妙におさえています。古代から戦いは戦闘が始まる前の戦略と、戦いが始まった後の細かな戦術で勝敗が分かれます。**ＡＩを舞台とした大きな戦いが始まる前の準備において、ＧＡＦＡは戦略上の優位を築いているのです。**

利益を追求しないアマゾンと、圧倒的なブランドに育ったアップル、事業の主軸が広告という形態であるためユーザーに課金を必要としないフェイスブックとグーグル。簡単には倒せない相手であることを認識した上で、それでもビジネスに携わる以上、しばらくは彼らと共存する方法を見出していく必要があるでしょう。

これからの時代を生きる人へ

ＧＡＦＡをビジネス上の課題ととらえるなら、彼らに１００％依存しないことで、来るべき変化に備えておくことが望ましいでしょう。例えば、会社の収益の１００％がアップルやグーグルのプラットフォーム上のアプリ課金の事業だとすると、完全に2社のコントロール下に置かれてしまいます。一部の収益でもウェブサイトなどの他のプラットフォームや法人展開に寄せるといった努力は早めにしておくと良いでしょう。

他にはＧＡＦＡの目に留まらないようなニッチ領域で支配的な地位を築き、徐々に領域を拡大していくような戦い方もあるかもしれません。展開するエリアが限定されている事業や、世界で見ても市場が比較的小さい領域の事業に対しては、巨人たちは寛容なものです。彼らと正面から戦わず、ゲリラ戦法を取る考え方は有効でしょう。

足掛かりを築いていければ、ＧＡＦＡの牙城が崩れそうなタイミングを見計らって、攻めに転じるチャンスが訪れる可能性があります。もちろん、そのような野心を抱かない方がずっと安泰かもしれません。それでもＧＡＦＡを倒すようなチャレンジを、きっと誰かがしていくことになるでしょう。スコット・ギャロウェイが言うように、企業が永遠に繁栄し続ける可能性はゼロです。

人は誰かに支配されることに対して、恐怖や嫌悪感を抱きます。ＧＡＦＡが圧倒的な存在になるにつれ、その支配に不安を感じている人も多くなっていくでしょう。ＧＡＦＡと一括りにすると全く太刀打ちできないように感じますが、それぞれの会社は独自の強みを持っていて、また弱みも持っています。私たちは正面から戦いを挑むのではなく、弱みを狙い撃つ形を取れば、局所的には対等以上の戦いができるはずです。

本書を通じて、その裏側も含めたＧＡＦＡへの理解は格段に深まります。著者のセンスあるユーモアに触れながら、ＧＡＦＡという現代の教養を深める、スケールの大きな一冊です。毎日触れているサービスの本質に迫る読書体験は、知的刺激に満ちたものに違いありません。

政治経済の土台を理解しているから、ビジネスパーソンとして一流になれる。

ビジネス書グランプリ2020
総合グランプリ

FACTFULNESS《ファクトフルネス》
10の思い込みを乗り越え、データを基に世界を正しく見る習慣

著者：ハンス・ロスリング著、オーラ・ロスリング著、アンナ・ロスリング・ロンランド著、上杉周作訳、関美和訳
出版社：株式会社日経BP
発売日：2019年1月15日
定価：1800円＋税
ページ数：400ページ

テーマ

**世界を正しく見るための
とっておきのレンズとは。**

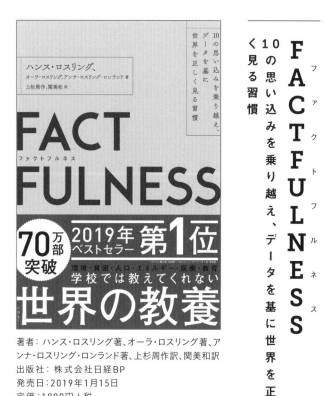

著者・訳者情報

▼ **ハンス・ロスリング**

ハンス・ロスリングは、医師、グローバルヘルスの教授、そして教育者としても著名である。世界保健機構やユニセフのアドバイザーを務め、スウェーデンで国境なき医師団を立ち上げたほか、ギャップマインダー財団を設立した。

ハンスのTEDトークは延べ3500万回以上も再生されており、タイム誌が選ぶ世界で最も影響力の大きな100人に選ばれた。2017年に他界したが、人生最後の年は本書の執筆に捧げた

▼ **オーラ・ロスリング、アンナ・ロスリング・ロンランド**

オーラはハンスの息子で、アンナはその妻。ギャップマインダー財団の共同創設者。オーラはギャップマインダー財団で2005年から2007年、2010年から現在までディレクターを務めている。

アンナとオーラが開発した「トレンダライザー」というバブルチャートのツールをグーグルが買収した後は、グーグルでオーラはパブリックデータチームのリーダー、アンナはシニア・ユーザビリティデザイナーを務めた。2人はともに功績を認められ、さまざまな賞を受賞している。

▼ **上杉 周作**（うえすぎ しゅうさく）

IT技術者。カーネギーメロン大学でコンピューターサイエンス学士、ヒューマンコンピュータインタラクション修士取得。卒業後、シリコンバレーのPalantir Technologies社にてプログラマー、Quora社にてデザイナー、EdSurge社にてプログラマーを経験。現在はフリーランスプログラマーとして活動するかたわら、不定期で実名ブログ「上杉周作」を更新中。

▼ **関 美和**（せき みわ）

翻訳家。杏林大学外国語学部准教授。慶應義塾大学文学部・法学部卒業。電通、スミス・バーニー勤務の後、ハーバード・ビジネス・スクールでMBA取得。モルガン・スタンレー投資銀行を経てクレイ・フィンレイ投資顧問東京支店長を務める。主な翻訳書に、『TED TALKS』『Airbnb story』（日経BP社）『ハーバード式「超」効率仕事術』（早川書房）などがある。また、アジア女子大学（バングラデシュ）支援財団の理事も務めている。

目次

グランプリを受賞した背景

２０１９年1月に出版されて以来、この本が話題にならなかった月はありません。２０２０年の上半期で最も売れたビジネス書と言われている『ＦＡＣＴＦＵＬＮＥＳＳ』。本書はどのように作られたのでしょうか。

著者のハンス・ロスリングは、医師、公衆衛生の専門家、ＴＥＤトークの人気スピーカーといった様々な顔を持った方でした。２０１５年9月に余命2ヶ月、もって1年という末期のすい臓がんであることを知った時、著者は予定されていた67もの講演をキャンセルして、本を書くことに決めたのです。

執筆は息子のオーラとその妻のアンナと協力して進められました。ハンスが２０１７年2月に亡くなった後は、オーラとアンナが残りの執筆作業を引き受けて出版されました。

ハンスはエボラ出血熱の流行の前兆を知るやいなや、現地に駆け付けるような使命感を持った方でした。その人生の最後に手掛けられた本書は、今、多くの人を動かしています。

世界を悲観的でも楽観的でもなく、正しく見るための示唆にあふれた書である『FACTFULNESS』。多くの人にとっても生きる力になる本です。そして、親しみやすい文章でありながらも応用範囲の広い本質が語られた傑作です。

この本の全体像

▼分断本能

日常でメディアに触れていると、世界は分断されているように見えます。「途上国」と「先進国」、「西洋諸国」と「その他の国々」、「低所得国」と「高所得国」など枚挙にいとまがありません。では、世界は本当に分断されているのでしょうか。社会の成熟度を測る体温計とも言えるような、重要な指標である子供の生存率を見てみましょう。

1965年に途上国と言われていた国々の多くでは、5歳まで生存する子供の割合は55％から90％でした。一方で、2017年にはほとんどの国で、5歳まで生存する子供の割合は90％を超えています。世界の分断は続いておらず、着実に良くなっているのです。

所得の分布でも同様です。「低所得国」「高所得国」と2つに分けた場合、現実に沿った理解はできません。所得を2階層ではなく4階層に分けるだけでも、現実に近づいてきます。例えば、水の調達はその所得水準によって異なります。遠くの泥水をはだしで歩いていきバケツで汲む、自転車で行きタンクに水を汲む、近くまで水道が来る、必要な部屋に水道が届いている、といったように所得水準に応じて少しずつ移り変わるのです。**世の中が二極に分断されている事象はほとんどなく、グラデーションのように分布しています。**

▼ネガティブ本能

世界のほとんどの国では、世界は「どんどん悪くなっている」と答える人の割合が半分を超えています。そのほかに、「どんどん良くなっている」「あまり変わっていない」という2つの選択肢があるにも関わらず。

未来について悲観的になるのも無理はありません。世界に関するニュースを作るマスメディアは注目を集める仕事である都合上、明るい話よりも、暗い話の方が扱いやすいからです。実際の世界の変化を見ると、客観的なデータである戦死者数、乳幼児の死亡率、災害による死者数、飢餓などの悪いことは減り続けていて、識字率、女子教育、予防接種、オリンピック参加国などの良いことは増え続けていることを示しています。やはり世界は良くなっているのです。

ネガティブ本能を抑えるためには、世の中では悪いニュースの方が広まりやすいと気づいておくことが重要です。平穏な日常よりも、誰かがサメに襲われた事件の方が、多くの人がショックを受けるため拡散されやすいのです。私たちは、悪いニュースを相殺するように良いニュースを積極的にみる態度が大切になります。

▼直線本能

あることについて、数字の推移をグラフにすると、まっすぐになるだろうという思い込みを直線本能と呼んでいます。その代表的な例は世界の人口です。横軸に年代、縦軸に世界の子供の数をとってグラフを描くと、1950年ごろはおよそ8億人でしたが、2000年には20億人ほどになっています。多くの人はそのまま増え続けるように感じるかもしれません。しかし、国連の予測ではすでにグラフは横ばいになっていて、2100年時点でもおよそ20億人のままという予想になっているのです。

世界の寿命が延び続けているので、2100年時点の全体の人口は100億人から

120億人になる予想です。そして、そこで頭打ちになる見込みです。つまり、人口推移のグラフは直線ではなく、S字カーブを描くのです。その他のグラフとしては、あるところでピークになるようなコブの形をしたものもあります。例えば所得水準に応じた国ごとの交通事故による死者数の割合、虫歯患者の割合は明らかに中間の所得水準でピークがあり、所得がそれ以上になると割合が低下する傾向があります。そのほかに、ウイルスの拡大初期のような、指数関数的に上昇するグラフもあります。

今見えているデータをつなぎ合わせた上で、今後どのような経緯をたどるのかを想像する際には、様々なグラフの形に思いを馳せることが大切です。何かがひたすら増加あるいは減少し続けるように誤解する、直線本能の罠にはまらないように注意しましょう。

▼ 過大視本能

著者がモザンビークのナカラ地区で若手医師として働いていたときに勤めていた病院には、重い病気にかかった子供が毎年1000人ほど運び込まれていました。懸命に治療をしても20人に1人は命を落としてしまったそうです。年間で52人ほどです。もっと物資や人手があれば、救われた命も多くありました。一人ひとりの命の重さを想像すればするほど、52

人は重大な数字に感じるものです。

しかしながら病院の外に目を転じると、同地区の子供はなんと年間3900人も亡くなっていたのです。子供に予防接種を行い、子供を寒さから守って清潔に保ち、親が薬のビンに書かれた注意書きに従うというような基本的な努力をすれば、その多くの命が救えたのだそうです。病院内以上に病院外で積極的に対策をすることが必要だったのです。病院内という目の前の現象だけにとらわれずに、より広い視野で状況をとらえなければなりません。

数字を扱う際には、より客観的にとらえる工夫が必要になります。重要な数字だと感じる数字を目にしたときは、まず割り算をして比較をしましょう。一人当たりに変換すること、10年前と比較すること、合計することなどを通じて、数字の客観性を担保します。

また、複数の項目が並ぶ数字をみたら、パレートの法則と言われる80：20ルールを考慮しましょう。上位20％の項目が全体の80％を占めるパレートの法則に当てはまることはよくあります。例えば、予算を詳細に調べるとその20％の項目が80％の予算を占めていた、ということは頻繁に目にします。多くの事象では上位20％の項目を詳しく吟味することが大切になるのです。

▼ 犯人捜し本能

この本能は誰しも気を付けるべきかもしれません。なにか悪いことが起きたとき、単純明快な理由、すなわち犯人を定める本能が犯人捜し本能です。例えば、マラリアや眠り病といった最も貧しい人たちがかかりやすい病気の研究が進んでいないのは誰のせいか、というような事例で考えてみます。製薬会社も営利企業なので、収益性を考えなければいけません。そのため利益の上がらない貧困層向けの薬品には研究資金を投じにくいのです。では誰がその判断をしているのでしょうか。貧しい人の病気の研究が進まないのは製薬会社の経営者のせいでしょうか。それとも株主でしょうか。その株を買う年金運用の機関投資家でしょうか。その年金をもらう高齢者でしょうか。

このように一つのことがらは複雑にからみあっています。**物事がうまくいかないときには、犯人ではなく、原因を探しましょう。**原因を追究していくと、絡み合った複数の原因やシステム全体を理解していくことが必要になります。そのようなプロセスを経ずに単純に犯人を決めつけると、気持ちは落ち着くかもしれませんが、考えることをその時点でやめてしまうことになります。絡み合った根本的な要因まで至ることなく考えられた対策は、その場しのぎにしかなりません。

それとは逆に物事がうまくいったときも単純化しすぎないようにした方がいいでしょう。自分のおかげだと主張する人を見たら、その周りの人の努力も考慮するべきでしょう。そしてその周りの人すらも、社会の仕組みを支える人に助けられているのです。

自分ならではの解を見つける閃きポイント

本書では真実を見誤る本能として、これらの他にも**恐怖本能、パターン化本能、宿命本能、単純化本能、焦り本能**といった5つの本能が挙げられており、合わせて10の本能になります。どれも大切なものですが、10個あるすべての本能に日常で気をつけることは難しいかもしれません。そこでこの本には、世の中を見る際に指針となる素晴らしい言葉が込められています。**「『悪い』と『良くなっている』は両立する」**という言葉です。これは名言だと感じました。

私たちが事件に直面すると、何か悪いトレンドの最中にあると悲観的に感じるものです。

しかしその際に、悪いと良くなっているが両立されることに思いが及べば、冷静にものごとに対処できるようになります。時間軸を意識することや、他の指標と比較するようなことを通じて、本書で書かれた本能に気を付けることを思い出すきっかけになります。

世界のことに限らず、ビジネスでも私生活でも何か思いもよらない事件や課題に遭遇することはあるでしょう。一時的に悪いことが起きてショックを受けたとしても、「『悪い』と『良くなっている』は両立する」という言葉を思い出せれば、今はつらくても10年前よりはずっといい、というような心の余裕が生まれるはずです。そのように生まれた余裕からポジティブさを取り戻して、課題の根本要因を探っていくのです。この言葉は私たちを心が安定した聡明な人に導いてくれるように思います。

しびれる一文と解説

「わたしは楽観主義者ではない。（中略）わたしはいたって真面目な「可能主義者」だ。「可能主義者」とは、根拠のない希望を持たず、根拠のない不安を持たず、いかなる時も「ドラマチックすぎる世界の見方」を持たない人のことを言う。」（P88）

この文章を読んだときに、「これだ！」と頭の中の霧が晴れる思いがしました。一般的には、楽観主義者と悲観主義者という対比と、理想主義者と現実主義者という対比がありま す。そのどちらも一つの軸に人を無理やり乗せるもので、「あなたはどちらですか」と聞かれるたびに私は困っていたのです。皆さんもそうではありませんか。楽観するときも悲観するときもありますし、理想を求めるときも現実を見るときもあるはずです。特に会社のマネジメントをする場合には、その両極をともに想像しなければならないものです。

そのようなジレンマをこの言葉が解決してくれます。これからは自分のことを可能主義者と言ってみましょう。**根拠のない希望も不安も持たず、でも何か希望に満ちた可能性を見出していくスタンスをとっていく、という主張です。**これは多くの人を勇気づけ、仕事をする上で指針となるような大切な言葉になると思います。

これからの時代を生きる人へ

ここまでお読みいただければ、本書がなぜこれほどまでに多くのファンを持つに至ったのかが伝わったかもしれません。著者の専門である公衆衛生を題材にしながらも、実際はビジネスにも私生活にも役立つ生きる指針が得られる本なのです。そして、心の安定をもたらしてくれる本でもあります。

『FACTFULNESS』で得られる知見の応用範囲は極めて広いと言えます。日常のシーンで見られる例を挙げてみましょう。

▼「メンバーのAさんが欠勤がちになった」

Aさんは体が弱いのでしょうか。いや、その監督者のマネジメントが悪いのかもしれません。Aさんが行っている業務は実はAさんに合わないのかもしれません。職場でいじめに近い嫌がらせがあるのかもしれません。

▼「担当者が変わって売上が低下した」

担当者の能力が低いのでしょうか。いや、市場全体のトレンドと比べるとどうでしょうか。前任者の時代から売上低下の兆候はなかったのでしょうか。それに対する対策はすでにうっていて、数字に表れるのに時間がかかるだけかもしれません。

▼「Bさんが入社してから、職場の雰囲気が悪くなった」

もうこれ以上述べる必要はないでしょう。原因は多様に考えられるものなのです。だからこそ視野を広く持ち、事実に基づいてものごとを考えましょう。

『FACTFULNESS』は3択クイズである13のチンパンジークイズから始まります。なぜチンパンジークイズと呼ばれているかというと、そのうちの12のクイズは正答率が33％よりもずっと低く、チンパンジーがランダムに選択肢の記号が書かれたバナナを選んだ正答率にも負けるからです。本書は、一貫してこのようなユーモアであふれていて、クスクス笑いながら読み進められるように仕上げられています。

何か問題が起きたとき、『FACTFULNESS』の10の本能を思い出してみて下さい。本書を読めば、事実に正しく向き合うための高性能なレンズが得られるはずです。**そのレンズがあれば、頭と目を曇らせる本能に惑わされることなく、真実を見極めて、あわてず必要な対処を行うことがきっとできるようになるでしょう。**

ビジネス書グランプリ2017
総合グランプリ

LIFE SHIFT《ライフ・シフト》

著者・訳者：リンダ・グラットン著、アンドリュー・スコット著、池村 千秋訳
出版社：東洋経済新報社
発売日：2016年11月3日
定価：1800円＋税
ページ数：416ページ

テーマ

人生100年時代のキャリア戦略。突き詰めると生き方になる。

著者・訳者情報

▼リンダ・グラットン

ロンドン・ビジネススクール教授。人材論、組織論の世界的権威。リバプール大学にて心理学の博士号を取得。ブリティッシュ・エアウェイズのチーフ・サイコロジスト、PAコンサルティンググループのダイレクターなどを経て現職。

2年に1度発表される世界で最も権威ある経営思想家ランキング「Thinkers50」では2003年以降、毎回ランキング入りを果たしている。2013年のランキングでは、「イノベーションのジレンマ」のクリステンセン、「ブルー・オーシャン戦略」のキム&モボルニュ、「リバース・イノベーション」のゴビンダラジャン、競争戦略論の大家マイケル・ポーターらに次いで14位にランクインした。フィナンシャルタイムズ紙「次の10年で最も大きな変化を生み出しうるビジネス思想家」、英タイムズ紙「世界のトップ15ビジネス思想家」などに選出。邦訳されベストセラーとなった『ワーク・シフト』（2013年ビジネス書大賞受賞）などの著作があり、20を超える言語に翻訳されている。

▼アンドリュー・スコット

ロンドン・ビジネススクール経済学教授、前副学長。オックスフォード大学を構成するオール・ソウルズカレッジのフェローであり、かつ欧州の主要な研究機関であるCEPR（Centre for Economic Policy Research）のフェローも務める。2005年より、モーリシャス大統領の経済アドバイザー。財政政策、債務マネジメント、金融政策、資産市場とリスクシェアリング、開放経済、動学モデルなど、マクロ経済に主要な関心を持つ。

▼池村千秋（いけむら ちあき）

翻訳者。リンダ・グラットンの前作『ワーク・シフト』のほか、ミンツバーグ『私たちはどこまで資本主義に従うのか』『MBAが会社を滅ぼす』、モレッティ『年収は「住むところ」で決まる』、キーガンほか『なぜ人と組織は変われないのか』、ピンク『フリーエージェント社会の到来』、コーエン『大停滞』など、ビジネス・経済書の翻訳を数多く手がける。

目次

グランプリを受賞した背景

人生100年時代という言葉が広まって、私たち個人だけでなく企業や政府にも大きな影響を与えた『ライフ・シフト』。著者の1人のリンダ・グラットンは内閣府が設置する「人生100年時代構想会議」でも中核の有識者議員を務めたように、日本でも大きな影響力を持つ人物です。

高齢化が進むと言われると望ましくない変化に思えてしまうかもしれませんが、本来、寿命が延びていくことは、多くの人にとって喜ばしいことではないでしょうか。しかしながら、国家の財政を考慮すると、その長寿社会を年金だけを頼りに生きていくことは現実的ではありません。私たち一人ひとりが一生を幸せに暮らすための、キャリアプランを考え直す必要があります。

では、人生はどう変わっていくのでしょうか。『ライフ・シフト』はほとんどすべての人が向き合わなければならない課題とその対処策を、クリアに指し示しています。

この本の全体像

▼100年という長い人生への変化

平均寿命が80歳程度と言われて育った世代には、にわかに信じがたいかもしれません。2007年生まれの子供の半数が到達する年齢は、アメリカで104歳、イギリスで103歳、そして日本では107歳だというのです。長寿の国の平均寿命は10年ごとに2〜3年ずつ延びています。さらに、今までのところ、その平均寿命の上昇に減速する気配は見られません。つまり、今生きている人も若ければ若いほど、統計上は長く生きる可能性が高いのです。

平均寿命が上昇するのは、乳幼児から子どもの死亡率の改善、中高年の慢性疾患への対策、禁煙などの啓蒙活動が寄与していると言われています。日本で100歳を迎えた人すべてに贈られる銀杯の数は、制度が始まった1963年では153人でしたが、2014年には2万9350人になりました。予算抑制のために、銀杯は純銀製から銀メッキ製に変更されました。

医療やヘルスケアの進歩を考慮して算出した平均寿命は、**「コーホート平均寿命」**と呼ばれています。前述した各国の寿命の予測はコーホート平均寿命を基にしています。一方で、今までに聞いたことがあった平均寿命は科学の進歩を考慮せずに算出した平均寿命である、**「ピリオド平均寿命」**である可能性が高いです。それらを比較すると、医療やヘルスケアの進歩を織り込む分、コーホート平均寿命の方が長くなります。そのどちらの見通しが正しいのかは議論がありますが、過去の平均寿命の推移から判断すると、コーホート平均寿命が正しいように考えられます。

▼3ステージの人生の崩壊へ

1945年に生まれた人の家庭の多くは、一家の主たる稼ぎ手は夫という、伝統的な家族形態をとっていました。典型的な男性は、大学卒業後に会社に入り、定年まで似た職で勤め上げ、定年後10年未満の余生を過ごすという3ステージの人生を歩みました。お金の面では、老後の生活資金の備えができやすい世代でした。公的年金、企業年金、個人の蓄えの3つにより、老後の資金が確保されていました。

1998年生まれの人ではどうでしょうか。2016年に18歳の誕生日を迎え、そのまま

100歳程度まで生きる可能性が高くなります。65歳で引退するためには、勤労期間に毎年所得の25％もの貯蓄をしなければ、老後の資金が枯渇するといいます。65歳で引退するような3ステージの生き方では、100歳を超す人生を経済的に支えることができないのです。

▼人生100年時代に大切な、見えない「資産」

・生産性資産

長い人生で肉体的・精神的に恵まれた人生を歩むためには、お金や不動産などの有形の資産だけでなく、無形の資産が大切になっていきます。無形の資産は、すぐにお金などの有形の資産に変えられない特徴があります。友人を現金化して、他の友人を買うことができないのです。無形の資産はすぐにためていくことができないため、慎重に投資していく必要があります。無形の資産として、生産性資産、活力資産、変身資産について考えていきます。

生産性資産は言葉の通り、仕事の生産性を高め、所得とキャリアの見通しを直接的に向上させる資産になります。最もわかりやすい例は、長年かけて身につけたスキルや知識です。キャリアの長さを考えれば、これからは生涯に複数の専門技能を学ぶことも視野にいれるべきです。

それではこれからどのような知識が価値を持つのでしょうか。機械学習と人工知能の進歩を想定すると、イノベーションを起こす能力や創造性を後押しするスキルは求められていくでしょう。さらに、高度な直観的判断や対人関係、意思決定にかかわるスキルも大切になります。その他にも、優れた仲間やいい評判を築くことも求められます。日ごろの仕事やソーシャルメディアを通じて、それらの資産を増やしていくと良いでしょう。

・活力資産

健康、友人、愛のような、肉体的・精神的健康と心理的幸福感につながるものは、活力資産として重要です。近年の研究では、脳ですらも筋肉を鍛えるように繰り返し使用すれば、加齢に伴う機能低下を抑制して、ダメージから回復させられるといいます。例えば、体を動かしたり、食事で低脂肪食や油分の多い魚を摂ったりすることを通じて、脳に良い影響を与えられるそうです。

活力の対極にある概念はストレスです。過剰なストレスを避けて、活力資産を改善するためには、仕事の選択と決断、家庭内の役割、そして余暇の時間の配分について、常に調整していくことが求められます。

・変身資産

100年ライフになるにつれ、3ステージではなくマルチステージになる人が増えていきます。幸せにマルチステージの人生を送るためには、私たちは新しいタイプの資産である「変身資産」を築かなければなりません。それは人生の途中で、新しいステージへの移行を成功させる、変化への意思と能力のことです。

変身資産を構成する重要なものの一つは、自分のアイデンティティです。誰かから受け継ぐものではなく、自らの行動で作り上げるものです。加えて、重要となるのは多様性に富んだネットワークです。昔と同じ友達グループだけではなく、様々な領域に広がる友人関係を築いていれば、いざ新しい職に就くときにも頼りになるでしょう。

▼選択肢の多様化

・エクスプローラー

3ステージの人生設計が崩壊していく中では、3つの新しいステージが現れるでしょう。**「エクスプローラー」**、**「インディペンデント・プロデューサー」**、**「ポートフォリオ・ワーカー」**という3つのステージは、古い習慣や行動パターンを問い直し、人生のさまざまな要素を統合する機会になっていきます。

エクスプローラーのステージでは、探検と旅を続け、周囲の世界を探査することを通じて、自分が何をしたいのか、そして何が得意なのかを発見していきます。エクスプローラーには、観光客が旅先の町を見物するような態度ではなく、関わりを積極的にもつ姿勢が求められます。多様なものに触れて、真の実験がおこなわれれば、人的ネットワークが広がり、自己像の多様性も増すでしょう。エクスプローラーのステージは18歳～30歳だけでなく、40代半ばや70～80歳でも有意義です。人生の転機に差し掛かったタイミングで、自分のもっている選択肢について理解を深めて、みずからの信念と価値観を考え直すのです。

・インディペンデント・プロデューサー

このステージでは、旧来の起業家とは異なる新しいタイプの起業家になっていきます。インディペンデント・プロデューサーとは、スケールの大きい野心を伴う起業家ではなく、自分の職を生み出す人のことをいいます。彼らは組織に雇われずに、独立した立場で生産的な活動に携わることにまとまった時間を費やします。

ものごとへの行動を通じて、人的ネットワークや独自のノウハウ等の無形の資産を築き上げることができれば、その後、大企業に評価してもらえる評判の獲得にもつながります。

・ポートフォリオ・ワーカー

ポートフォリオ・ワーカーとは、所得の獲得を主たる目的とする活動を一つ、あるいは複数持ちながら、地域や親せきの力になったり、趣味を究める活動を、自身が主体的にバランスをとりながら行ったりする人を指します。

特にスキルと人的ネットワークの土台が確立できている人にとって、このステージは有効な選択肢となるでしょう。長く生きているとどうしても過去の繰り返しになり、退屈を感じるときがあるものです。そのような人々にとって、ポートフォリオ型の人生は、目を見張るほどの刺激をもたらしてくれます。うまくこのステージを経験することで、人生のオプションは格段に増えることでしょう。

▼変革への課題 ～短期指向の強さ～

人生100年時代を迎えるにあたり、今までの3ステージ型の人生を想定したキャリアは限界を迎えていることは明らかです。また、会社や政府の制度も同様に、3ステージ型への対応だけでは、早晩破綻することになります。しかし、このマルチステージの人生への移行に対応する実際の変化は、遅すぎるように感じます。

その遅さの理由は人間の短期指向の強さにあります。今日の100ドルが一週間後の105ドルよりも魅力的に映るのはその典型です。**温室効果ガスへの措置と同様に、長寿化に対応するコストはいま生じるのですが、変化の恩恵がもたらされるのはずっと先になります。**

その変化の担い手になるべきなのは、政府でも会社でもなく、私たち自身です。個人が選択肢を拡大させる力は、今後大きくなっていくでしょう。その影響は特にイノベーションが求められる高付加価値産業で際立っていきます。人々が多様な働き方を選べるようになれば、100年ライフの果実は私たちのものになっていくでしょう。

自分ならではの解を見つける閃きポイント

人生100年時代で重要なキーワードは、**「オプション」**にあるように感じます。企業で働いていたとして、新たなスキルが身につき、人的ネットワークが広がっていることを実感できていれば、そのオプションは増えている状態です。そこには特に不安を感じる必要はありません。人生には一つのことに集中して成果を出すことで、自分を磨くことが必要なフェーズはあるものです。しかしながら、過去の繰り返しで自分のスキルを消費している感覚を持っているとすれば、危機感を持つべきかもしれません。

そのような人たちに対して著者は救いの言葉を与えてくれます。それは**「ストロングタイズ」**と**「ウィークタイズ」**という考え方です。親しい友人や職場で同じ組織にいる同僚とは、ストロングタイズの関係にあります。もちろん人生の安定や仕事を円滑に行うにあたって、ストロングタイズの関係は重要です。一方で変化のタイミングでは、友人の友人や緊密な関係にない知人との接点というウィークタイズの関係から刺激やきっかけを得ることが多くなります。

ウィークタイズの関係を広く持っておくことは、人生のオプションを増やすうえでとても大切になります。例えば、家庭と職場の外にコミュニティを持つことも有意義でしょう。そこで得られる人間関係は、今の仕事上の関係にとどまらないため、自由に広げていけるものです。その他にも、ＮＰＯに参加したり、複業をすることも、ウィークタイズを築くために重要です。オンライン上ではＳＮＳ等を通じて、そのウィークタイズの関係を保つことも有意義でしょう。

私たちは１００年という人生を見据えて、どのような社会的な変化が起きても対応できるように、手持ちのオプションを増やしておくことが重要なのです。その効果は転職機会を持つだけにとどまりません。ウィークタイズの関係は、今の仕事を続けていく中でも、社内のリソースだけではできないような一段上の成果を出すために活かせることもあるでしょう。そして、オプションを多く持つことにより不安にさいなまれることも減って、今の仕事でも成果に向かってもっと力を集中できるものなのです。

しびれる一文と解説

「実験の活発化と人生のステージを経験する順序の多様化に突き動かされて、「エイジ（＝年齢）」と「ステージ」が一致する時代が終わりを告げる。」（Ｐ２２２）

これからの時代では、人と出会ったときに、まず年齢を確認する人は注意した方がいいかもしれません。金融機関では何年入行（入社年次）かを、なぜかほとんどの人が知っていることがあるそうです。それによってコミュニケーション上の失礼がないように、という配慮もあるので一概に悪いとは言えませんが、エイジとステージが一致している典型例かもしれません。

相手の年齢を聞くことでその人の役職を想像したり、社会的なステータスを予想したり、場合によっては相手の能力までも推測していたりするかもしれません。ただ、そのスタンスは前近代的と言わざるを得ないでしょう。今後は年齢によって役割が決まらない社会に移り変わっていく可能性が高いのです。

マルチステージの時代においては、大切なのは年齢に見合う役職ではなく、いつまでも柔軟で前向きな心の若さを保つことではないでしょうか。常にフラットにものごとを見て、新しいテクノロジーにも興味を持ち、新しい組織や人間関係のあり方にも対応していきましょう。そのマインドを持つことができれば、経験を積めば積むほど、築いてきた無形資産を成果に結びつけやすくなるのではないでしょうか。

これからの時代を生きる人へ

『ライフ・シフト』を読んで、全く自分には関係がない、という感想を持った人には出会ったことがありません。**本書はどのような立場の人でも関係がある、ほとんど確実に起こるだろう未来とその処方箋が描かれています。**人口動態や平均寿命の変化はすぐにトレンドが変わりません。準備ができている人が少ないため、一歩でも先に備えておけば、よりよい人生を歩むチャンスが広がっています。

政府の視点でこの本を読んだとしたら、間違いなく財政問題の想定を変える必要性を感じるでしょう。このまま平均寿命が延びていくことに耐えうる財政の備えができている国は、まだほとんどないように思います。また教育に関しても、社会に出てからの学び直しの教育システムであるリカレント教育の重要性は高まるばかりです。

企業のレベルで見れば、採用や育成や複業を含めた人事制度は根底から考え直した方がいいでしょう。新卒で入社した人や在籍期間が長い人は居心地がよく、入社間もない人が肩身の狭い会社は要注意です。また、退職者との関係を大切にしないことも、望ましくないでしょう。これからの企業と人の関係は、もっとゆるやかなつながりになっていくため、人材の間口を広げておかなければ企業運営の可能性を狭めてしまいます。

そして、個人のレベルで読んだときには、人生を考え直すほどの衝撃があるかもしれません。人生100年時代は遠い未来の話ではなくて、私たちの身に起こる現実なのです。ちなみに、私の父親はもう80歳を超えていますが、以前本人が想像していた80歳よりもずっと元気な様子で暮らしています。私たちの世代はもっと元気な80歳を迎えるかもしれません。ずっと誰かに必要とされるような年齢の重ね方をしたいものです。

『ライフ・シフト』をまだ読んでいなければ、人生に悩んだタイミングで必ず手に取っていただきたい一冊です。世界を代表するインテリジェンスがまとめた叡智が、私たちの人生に活かせる形でまとめられているのです。不確実で不安定な世の中で自分の未来を神様にお願いする前に、まず『ライフ・シフト』を読んでおきましょう。

4

イノベーション

進化は止められない。だからイノベーションを
起こす側になる秘訣を知らなければならない。

ビジネス書グランプリ2016
総合グランプリ

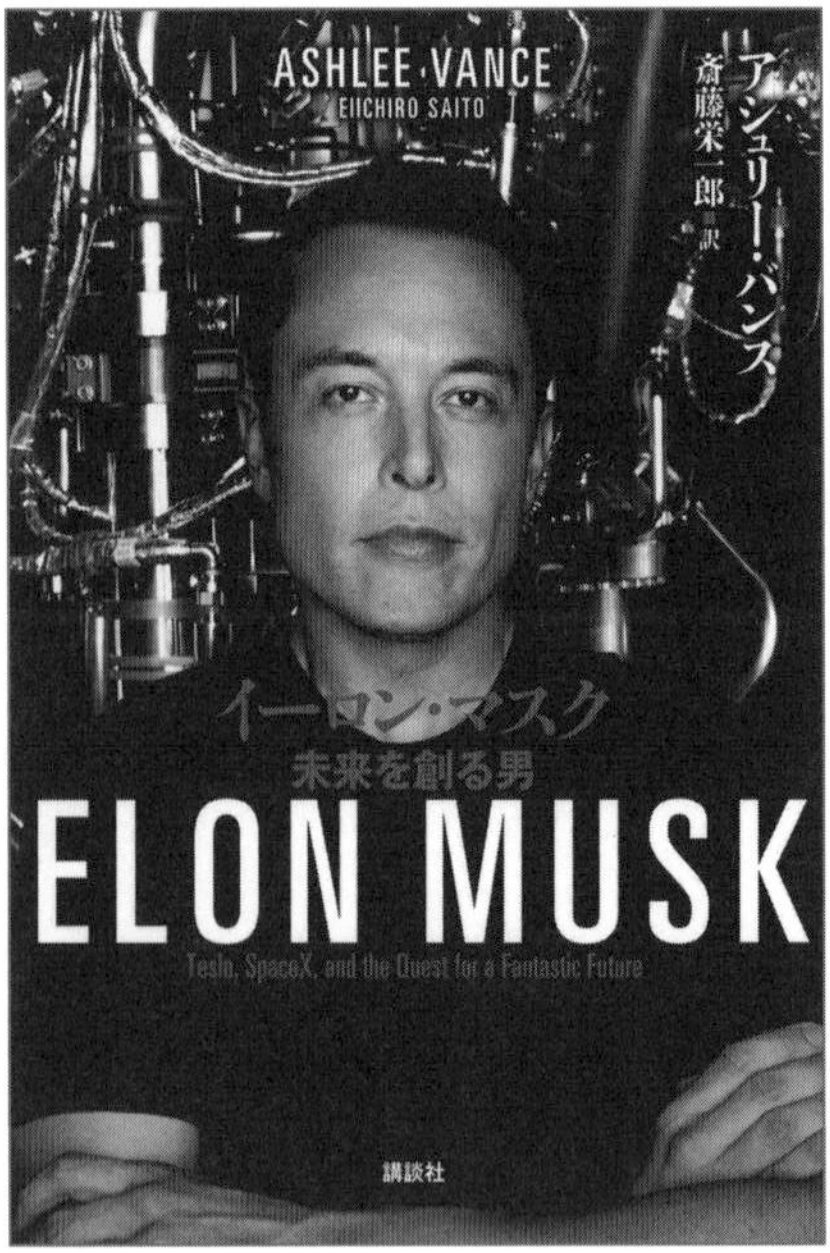

イーロン・マスク 未来《みらい》を創《つく》る男《おとこ》

著者・訳者：アシュリー・バンス著、斎藤 栄一郎訳
出版社：株式会社講談社
発売日：2015年9月15日
定価：1700円＋税
ページ数：338ページ

テーマ

世界最高のイノベーションの伝道師「イーロン・マスク」はどのようにして生まれたのか？

著者・訳者情報

▼ **アシュリー・バンス**

テクノロジー分野の第一線で活躍するライター。『ニューヨーク・タイムズ』紙で、シリコンバレーやテクノロジーに関する取材を数年にわたって手がけたのち、週刊ビジネス誌『ブルームバーグ・ビジネスウィーク』に活動の場を移し、サイバースパイ活動からDNAシークエンシング（塩基配列決定）、宇宙探査に至るまで、科学技術に関する幅広い分野で特集記事を担当している。

▼ **斎藤 栄一郎**（さいとう えいいちろう）

翻訳家・ジャーナリスト。1965年山梨県生まれ。早稲田大学社会科学部卒。主に情報通信やビジネス・経営分野の翻訳に従事。また、ジャーナリストとしてビジネス誌でコミュニケーションや経営の分野の記事を執筆。主な訳書に『ビッグデータの正体 情報の産業革命が世界のすべてを変える』『THINK LIKE ZUCK マーク・ザッカーバーグの思考法』『結局は上司との関係が9割以上』（以上、講談社）、『マスタースイッチ「正しい独裁者」を模索するアメリカ』（飛鳥新社）などがある。

目次

グランプリを受賞した背景

イーロン・マスクは今では世界を代表するシリアルアントレプレナー（連続起業家）です。世界的な決済システムのペイパルの元となる会社を作り、アメリカの民間企業で初めて有人飛行でＩＳＳ（国際宇宙ステーション）へのドッキングに成功したロケットを作り、革新的な電気自動車であるテスラを生み出しました。

マスクはＩＱが極めて高い人の呼び名であるメンサの特徴を多数持っています。天才起業家とも呼ばれますし、大ぼら吹きにも見えるようです。人類を火星に移住させる計画を持っている人でもあります。

イノベーションを次々に起こすマスクを知れば知るほど、イノベーションには不屈の精神が求められることがわかります。マスクは**「絶対にあきらめない人」**です。一度成功した後、社内のクーデターや資金の枯渇といった様々な苦難を乗り越えたことも、圧倒的な人気の要因です。

イーロン・マスクという人物の人生を知ることで、私たちもイノベーションを次々と起こす人の考えと行動を疑似体験することができます。本書を通じて、魅力的な人物の内側を探ってみましょう。

この本の全体像

▼少年時代〜大学時代

イーロン・マスクは1971年に南アフリカのヨハネスブルグから車で1時間ほど離れたプレトリアに生まれます。悪名高きアパルトヘイトの時代であり、緊張と暴力と隣り合わせでした。マスクが少年のころに両親は離婚をして、しつけが拷問のように厳しい父親のもとで暮らします。マスクは小学生のころから、学校の図書館や近所の図書館の本を読み尽くして、ブリタニカ百科事典を読破していくような読書好きだったそうです。10歳のときにコンピュータを買ってもらい、プログラム言語「BASIC」にふれていくことになります。6か月かけて全課程が学べるようになっていたものを、3日3晩一睡もしないで履修してしまいます。12歳にしてビデオゲーム「Blastar」を開発、『PC and Office Technology』にソースコードが掲載されました。ゲームの舞台は宇宙だったそうです。中学校や高校では不良に目を付けられていて、何度となく暴力を受け、転校を何回も経験しました。

ずっと憧れていた国外脱出は17歳のときにかないます。カナダに降り立ち、過酷な肉体労働の経験をして、1年後にクイーンズ大学に入学します。自由で個々人の興味を尊重する校風がマスクにあっていて、エネルギーや宇宙の話題も追求することができたといいます。そして、2年生を終えるタイミングで、奨学金を得てペンシルベニア大学に編入します。大学では、ウォートンスクールで経済学を学び、物理学の学位も取得します。その過程で学術文献や書籍をスキャンして文字情報をデータベース化する技術、宇宙空間で太陽光発電をして地球に送電する技術、蓄電のためのウルトラキャパシタなどの論文を書きました。その頃から、今後大きな変化を遂げる領域として、「インターネット」「宇宙」「再生可能エネルギー」の3つの分野に注目していたのでした。

▼Zip2、初めての起業

シリコンバレーでのインターンを経験し、スタンフォード大学の大学院に進学するも、わずか2日間で中退します。インターネットの世界で起業するためでした。兄弟でZip2というベンチャー企業を立ち上げます。検索に対応する企業リストを作成し、所在地の地図を連動させるものでした。さらにナブテックという企業と提携、地図データベースと位置情報データベースを統合して道順案内も始めました。会社で寝泊まりして作り上げたサービスは徐々に評価を高めました。その頃に投資家であるベンチャーキャピタリストに伝えた言葉があります。

「私はサムライの心を持っています。失敗で終わるくらいなら切腹します」

一社一社広告出稿の営業をするのは効率が悪かったので、パッケージソフト化して、広告を出稿したい企業を束ねている新聞社に販売することに方針転換します。新聞社にとっても不動産会社、自動車ディーラー、人材募集の広告をオンライン上で掲載できるようになるため相性がよいものでした。

そんな折、独断や連携の不足が露呈して、マスクはCEOを交代させられます。その後も積極的な展開を目指すマスクと保守的な取締役会で意見がぶつかることも多かったそうです。CEOを交代させられた後、Zip2は新聞社を取引先に持つようになり、業績は大きく伸びます。しばらくしてマスクに転機がおとずれます。コンパック・コンピュータが

Ｚｉｐ2に3億７００万ドルでの買収を提案したのです。経営陣は提案を受け入れ、マスクは初めての起業で２２００万ドルを手にしました。

▼Ｘ．ｃｏｍとクーデター

マスクが次に狙ったのは、インターネット上に預金や証券や保険を取り扱う本格的な金融機関を作るというものでした。１９９９年1月にＸ．ｃｏｍを立ち上げます。Ｚｉｐ2で手にしたお金のほとんどとなる、およそ１２００万ドルをＸ．ｃｏｍに投じました。税金の支払いを考慮すると、マスクの手元に残るのは、わずか４００万ドルになりました。

ドリームチームともいえる人材を集めて立ち上げたものの、マスクが社外に大げさにあおるような振る舞いを繰り返し、それに我慢ならなくなったスタッフにより創業からわずか5カ月で反乱が起きました。その創業メンバーが多くの人を引き連れて独立してしまったのです。

再出発したマスクは開発を続け、サービスをリリースしました。送金をメールアドレスのみでできるようにした簡便さと積極的なマーケティング施策により、開始後わずか2〜3

か月で、20万人以上が口座を開設しました。しばらくして現れたX．comのライバルは、マックス・レブチン、ピーター・ティールが率いる、コンフィニティでした。ペイパルという花形の決済サービスを持つ企業です。競合してつぶしあうよりは手を結ぶ方が望ましいと考え、X．comとコンフィニティは合併。マスクは合併後の新生X．comの筆頭株主になります。

X．comのユーザー数が爆発的に増える中、システム処理が追い付かず週に1回はウェブサイトがダウンしていました。不正処理が増え、銀行等への手数料支払いは急増しました。度重なる危機に対するマスクの判断に、疑問視する声が高まっていきました。

シリコンバレーではえげつないクーデターがあちこちで勃発していますが、そんな歴史の中でも最悪とも言われるクーデターがX．comで発生します。ある晩同社の社員が何人か地元のバーに集まり、マスクを追い出す作戦を練りました。マスクと直接対決せずに背後で動き始めたのでした。そして、マスクの新婚旅行の間に事件は起きました。マスクのフライト中のタイミングを見計らって不信任動議が決議されたのです。取締役会はマスクを追い出し、ピーター・ティールをCEOにする決定をしました。

憎しみと復讐心でいっぱいになるのが普通と思われるところですが、マスクはピーターを支持して良い人を貫きました。ITバブルがはじけた際、ペイパルは既に2億4000万ドルほどの売り上げがあり、上場も視野に入っていました。多くの企業から買収提案を受けていましたが、マスクは価格を吊り上げるために、軽率に動かないように導きました。しばらくして、イーベイからとうとう15億ドルの買収提案があり、大株主だったマスクは税金を払った後の金額で、1億8000万ドルもの金額を手にしました。

▼ スペースX

ペイパルを追われたころから、マスクはソビエト製ロケットの取扱説明書を読み始めます。選んだ移住先は米空軍、NASA、ボーイング等の航空関連組織が集まるロサンゼルスでした。そして、火星の探査・植民を目的に掲げるNPO「火星協会」の理事となり、10万ドルを寄付しました。しばらくしてその理事を辞め、自ら率いる組織「Life to Mars Foundation（火星移住財団）」を立ち上げました。

財団のイベントを通じて知人を増やし、知見を蓄積した後、一流の航空宇宙エンジニアとともに、2002年6月にスペースXを設立しました。2003年11月に初号機の打ち上げをするという正気とは思えないスケジュールを立てます。しかし、宇宙関連の部品供給業者から部材を仕入れてロケットを完成させる予定が狂います。業者の見積りが高く、納期も想定よりもずっと遅かったのです。まもなく、スペースXは主要モジュールを自社開発することを発表しました。

発表後、宇宙産業にシリコンバレー流のやり方を持ち込んで急ピッチで開発を進めます。立て続けに生じるトラブルを乗り越えて、打ち上げ準備が整ったのは2006年3月。発射後わずか25秒後に制御不能となり、地上に落下しました。2度目の打ち上げは1年後の2007年3月。点火3分後に第一段が切り離され、第二段が軌道に乗ったと思ったその時に、ロケットが空中分解して爆発してしまいます。2008年8月の3度目も失敗して資金も底を尽き、最後の打ち上げになるかもしれなかった4度目にとうとう成功を収めました。2008年9月28日のことでした。

▼ これからのイーロン・マスク

スペースXの快進撃と並行して、マスクは革新的な電気自動車を作るテスラモーターズの筆頭株主兼CEOとなり、ロードスター、モデルSを市場に送り出しました。テスラの株式時価総額は世界のトップクラスの自動車会社と肩を並べるほどになりました。さらに太陽光発電機器設置会社のソーラーシティの筆頭株主兼CEOとなり全米最大のソーラーパネル設置会社に育てました。

これからの10年で、テスラは5～6種類のモデルを取りそろえ、スペースXは毎週ロケットを打ち上げる計画を持っています。地球温暖化問題に最も的確に取り組み、必要とあらば地球脱出計画まで実現してしまうかもしれません。**リスクと隣り合わせの事業を行いながら、それでもマスクは人類の未来のためにリスクを取り続けるのでしょう。**

自分ならではの解を見つける閃きポイント

スペースXの4度目の打ち上げでとうとう成功を収めたとき、コントロールタワーから出たマスクは工場内のスタッフからまるでロックスターのような歓迎を受けます。そこで次の言葉を言います。

「『(スペースXに) できるわけがない』という声が多かったことは確かです。でも、『4度目の正直』だったかな、そんなことわざがあるじゃないですか」(P195)。

私がこの言葉を見て思ったのは、マスクだったらたとえ4回目を失敗していても、何とか資金をかき集めて5回目、6回目とチャレンジを続けただろうということでした。私はミドリムシで有名なユーグレナ創業者の出雲さんの話をうかがったことがあります。そこで話されていたことは、たとえ一回の成功率が1％だったとしても、500回繰り返せば、どこかで成功する可能性は99％を超える、ということでした。数学的に500回連続で失敗するのは、0・99の500乗をした数値になります。計算すると確かに1％を下回ります。言い換えれば、500回のチャレンジのどこかで、99％以上の確率で成功する回があるということです。

出雲さんの話から考えると、起業家は一度チャレンジをしてみようという想定では甘いのかもしれません。チャレンジを始めたら、成功するまでやり続けることが大切であることがわかります。出雲さんはミドリムシという一見売りにくいものを営業していたため、2年間もの間、まともな受注が1件もなかったと言います。1％かもしれない営業を成功するまでやり続け、とうとう伊藤忠商事という大きなクライアントに出会ったのです。

マスクは困難に直面する度に成功するまでやり続ける覚悟を示しています。それはただの精神論ではありません。チャレンジをする人が成功するために持つべき科学的な態度なのです。

しびれる一文と解説

「Zip2、ペイパル、テスラ、そして後述する太陽光発電企業のソーラーシティがマスクの思いを形にしたものだとすれば、スペースXはマスクそのものだ。その強みだけでなく、弱みもマスク自身にある。」（P205）

スペースXは価格をライバル企業の10分の1にできるように、ロケットの再利用を進めています。

2020年5月にはアメリカの民間企業で初めて、有人飛行をした上で国際宇宙ステーションにドッキングして、宇宙飛行士を送り届けました。今ではスペースXは宇宙産業の主役ともいえる位置を占めるまでになりました。

そのスペースXという会社は、**「火星に人類を移住させる」**というとてつもない計画を掲げ、失敗が続き、試行錯誤の末に偉業をやってのけるという大胆な動きをします。少し抽象化してみるとイーロン・マスクの人格そのものに見えてきます。不可能に思える目標を持ち、それを独創的なアプローチを駆使して不屈の精神で実現していきます。

マスクのような起業家だけでなく、多くの会社ではその経営者の価値観が乗り移っているように見えます。**経営者は本気にならざるを得ないような状況に追い込まれると、本人の短所をごまかすことができなくなる代わりに、長所を最大限発揮して事業に向かう傾向があるようです。**だからこそリーダーを志す人は、自分を磨く努力を続けなければならないのです。

これからの時代を生きる人へ

成果を出す起業家の特徴はどのようなものでしょうか。ベンチャー業界で言われることは、愛されるキャラクターであること、大きな夢を掲げ続けられること、人から真摯に学び誤りを正せること、責任感の強さなどでしょうか。私もその通りだとは思いますし、成功する起業家を見出す判断基準としていい線をいっているでしょう。

マスクはそれらにあてはまりそうにも見えますが、一方で全員からそのように評価される人でもありません。マスクの自己顕示欲に辟易する人は多いと言います。気性が激しく、仕事を最優先にしないメンバーに厳しくあたることもあります。失敗の責任をメンバーになすりつけることもあるそうです。

つまり、マスクといえども、すべてが完璧であるわけではないのです。より踏み込んで言うと、マスクほどの世界を代表する経営者といえども完璧な人ではありえないのです。しかしながら、マスクはその自己顕示欲の強さをカリスマ性に転嫁し、気性の激しさを活かすため明確なトップダウンの組織を作り上げ、取り組みに不整合がないように科学的な思考を持ち合わせています。**このように成功する経営者は、その短所と折り合いをつけるために本人の長所を活かした仕組みを作り上げることができるのです。**

つまり、イノベーションを起こす人は完璧な人間ではありません。私たちは自分の長所を活かしてイノベーションを起こせばよいのです。誰もがイーロン・マスクになることはできませんし、その必要もありません。**自分を見つめなおし、等身大の自分に最も適した方法を考え抜くことが大切なのです。**

本書を読むと、イーロン・マスクの幼少期や少年時代という経営者としてのルーツを感じるひと時と、X.com、スペースX、テスラなどの創業ストーリーを通じて、苦難を乗り越えていくカタルシスも味わえます。アシュリー・バンスの絶妙な距離感の語り口により、書籍の中の描写に対して信頼を感じるものとなっています。イーロン・マスクについて書かれた多くの本のなかでも、最もおすすめしたい1冊です。

ビジネス書グランプリ2018
総合グランプリ

革命のファンファーレ
現代のお金と広告

著者：西野 亮廣
出版社：株式会社幻冬舎
発売日：2017年10月4日
定価：1389円＋税
ページ数：312ページ

テーマ

この時代を生きる人が、
イノベーションを起こす秘密の方法。

著者情報

▼西野　亮廣（にしの　あきひろ）

1980年兵庫県生まれ。芸人。

著書に、絵本『Dr.インクの星空キネマ』『ジップ&キャンディ　ロボットたちのクリスマス』『オルゴールワールド』『えんとつ町のプペル』、小説『グッド・コマーシャル』、ビジネス書『魔法のコンパス』があり、全作ベストセラーとなっている。

目次

グランプリを受賞した背景

まじめにコツコツと働いても人よりもできるようになっている気がしない、人生が好転していく感じがしない、と思うかもしれません。世の中の当たり前をリセットして、新しい視点を持ち行動を起こすために、『革命のファンファーレ』は頼りになる本です。著者のことをお笑い芸人として知っている人も多いでしょう。ただ、活動はお笑いにとどまりません。多くの人の力を集めながら作り上げた絵本の『えんとつ町のプペル』や、ビジネス書の『魔法のコンパス』は異例の大ヒット作となっています。

著者の作品は、本そのものへのこだわりに加えて、クラウドファンディングなどを通じた話題の作り方にも際立った特徴があります。**個人の信用を築き上げ、その信用を活かして何をしていくのか。インターネットやSNSの力を最大限に活かす著者のノウハウは、資源の少ない個人や中小企業の現代の戦い方を指し示してくれます。**

皆さんのところでも、革命のファンファーレは響いているでしょうか。自分の個性を大切にしようと思うのであれば、本書を読み解くことをおすすめします。

この本の全体像

▼ 超分業制

本書では『えんとつ町のプペル』のヒットの背景が詳しく説明されています。まず、その作り方に特徴があります。他の本と大きく異なるのは、**「超分業制」**で作られたことではないでしょうか。事業会社や映画製作の現場では、分業が当たり前に行われています。

絵本には、キャラクターデザイン、空を描く作業、色を塗る作業といった、それぞれ得意なことが分かれる作業があります。世の中のほとんどのものが分業制で作られているのに、なぜか絵本は分業により作られていなかったのです。

絵本の世界は1万部売れれば大ベストセラーと言われるように、決して大きくはない市場です。大きなお金が事前に準備できないため、制作費を十分に確保することができないのです。そのため、多くの絵本作家は1人で作ることを選ばざるをえない状況にあります。つまり、「お金」の問題を解決すれば、超分業制が実現可能になってきます。そこで**「クラウドファンディング」**の出番です。

▼ クラウドファンディング

知っての通り、クラウドファンディングはインターネット上で企画をプレゼンして、一般の方から支援を募ることをいいます。『えんとつ町のプペル』では、二度に分けて行ったそうです。絵本の製作費を集める時と絵本を広める個展を開催する時の2回です。合わせて、支援者数は9550人で支援額は5650万4552円にもなり、当時の日本のクラウドファンディングの歴代最高記録でした。

有名人だからクラウドファンディングが上手くいくわけではありません。テレビタレントでもほとんどの人は、クラウドファンディングで上手く資金を募ることができません。ではその分かれ目は何でしょうか。**クラウドファンディングがうまくいく人やプロジェクトには「信用」があるのです。**著者は好感度が低いともいわれているようですが、**好感度と信用は全く別のものです。**では、信用とは一体何でしょうか。

▼ 信用

タレントとして信用を勝ち取るために、著者は「嘘をつかない」ということを徹底したといいます。食レポはわかりやすい例です。グルメ番組で釣りたての魚を漁師さんが船上でさばくとします。そこではタレントは「新鮮でおいし～い」という反応をしなければなりません。ただ、実際は美味しくなかったり、まな板が汚かったりしますし、魚は1～2日置いた方が美味しいのです。

その場で新鮮で美味しいことをコメントすると、ツイッターのタイムライン上で、「あれは嘘だよ。魚は1～2日置いた方がおいしいよ」とツイートされてしまいます。つまり、テレビで好感度を上げる努力をすると、ツイッターのタイムラインを見た人達からの信用を失ってしまうことになるのです。多くのタレントは嘘をつく状況に置かれていて、信用を失ってしまっているという構図になります。嘘をつかないためには、「美味い」という表現を避けて、上手に食レポをする能力が必要なので、著者はグルメ番組を避けているのだそうです。

嘘をつかなくてもいい環境を作り、信用を獲得することができれば、クラウドファンディングやオンラインサロンといった信用が求められることが行いやすくなるのです。

▼お金の奴隷解放宣言

『えんとつ町のプペル』の発売から3ヶ月ほどした日、『お金の奴隷解放宣言』と題して、**全ページをインターネット上で無料公開しました。**クリエイターにお金が落ちなくなる、業界が疲弊する、といった様々な批判と非難が日本中から著者のもとに寄せられました。さんざん批判があったにもかかわらず、結果としては、アマゾン総合売り上げランキングで再び1位となり、発行部数は一気に31万部に到達しました。そのカラクリについて、くわしく触れていきます。

無料公開の本質は、マネタイズのタイミングを後ろにずらすことです。入口は無料ですが、時間差でお金は発生しています。**「フリーミアム」**という言葉を聞いたことがある人もいるでしょう。基本的なサービスは無料で提供して、さらに高度な機能には料金を課金する仕組みをいいます。『えんとつ町のプペル』で行ったのは、まさにフリーミアム戦略でした。**インターネット上で絵本を無料公開して、注目と共感を集めて、紙の絵本の売上を伸ばしたのです。**

フリーミアムは例えばスーパーの試食でも使われています。小さく輪切りにしたソーセージを無料で食べてもらい、袋単位で買ってもらうように促します。化粧品サンプルも同様のからくりです。ソーセージや化粧品サンプルには原価が一定程度かかります。しかし、インターネット上のデータは違います。無料でサービスを提供してもほとんどお金がかからないのです。「試食×インターネット」はものすごく相性がいいと言えるでしょう。

▼本を売りたければ、自分で1万冊買う

著者は『えんとつ町のプペル』を個人で1万冊も買ったと言います。それはなぜでしょうか。

一つめの理由は、できるだけ早く予約注文を取るためです。アマゾン上の予約の仕組みでは、発売3ヶ月前からのみ予約注文が可能になっています。もっと前から予約を受け付けるために、自分で本を買いあげてウェブサイトを作り、予約販売を開始したそうです。

二つめの理由は、初版部数の見積りの失敗を避けるためです。『魔法のコンパス』の初版発行部数は8000部。結果として発売後1カ月もの間、Ａｍａｚｏｎでの品切れが続いてしまいました。『えんとつ町のプペル』では、当初出版社から初版発行部数は1万部と言われたものの、予約が1万部以上あることを伝えた結果、3万部からスタートできたそうです。

三つめの理由は、ニュースバリューがあるためです。「キンコン西野が1万冊買った」というニュースの反響はとても大きなものだったでしょう。ところが1万冊買うために、実は1円もお金を使っていないのです。つまり、予約を1万冊取っていれば、予約者から受け取ったお金を出版社に渡すだけ、ということになります。予約を取る仕組みさえ整っていれば、お金をかけることのない有効な広告だと言えるのです。

▼正しい努力をやり切る

『えんとつ町のプペル』はその名の通り、煙突の描写が多いので、横長の絵を描きたくなりそうなものですが、絵本は正方形の形をしています。ここにも広告としての意味合いがあります。正方形だと読者が写真を撮って、インスタグラムにアップしやすいのです。実は『革命のファンファーレ』の見出しページでも、下に空間を作っていて、見出し部分は正方形となる構成になっています。本の中に撮影スポットを設けることで、SNSへの投稿を促して、読者に宣伝をしてもらえるようにしているのです。売れることを願うだけではヒットは生まれません。ヒットの神は緻密な数学に微笑むのです。

自分ならではの解を見つける閃きポイント

著者の西野さんは、キンコンの西野と言えば誰もが知っているという知名度の持ち主です。そのため、話題を作りやすい面は確かにあるのかもしれません。また、いわゆる「常識的」な行動から離れて一見突飛なことをしているように見られるかもしれません。でも決して突飛な訳ではないのです。

『革命のファンファーレ』の装丁も特徴的です。真っ赤なカバー、真っ赤な帯、そしてカバーの写真に写っている西野さんが来ている服も真紅のシャツです。ちなみに、家電量販店やＥＣサイトのコーポレートカラーは赤いことが多いことを知っていますでしょうか。赤は購買色と言われ、赤を取り入れることで購買意欲を促せるといいます。ＰａｙＰａｙのロゴも赤ですよね。本の装丁一つとっても、著者の選択には明確な論理があるように思います。

本書には印象的なフレーズが多く登場します。勘やセンスは統計学。一歩踏み出すために必要なのは、**「ポジティブシンキング」**ではなく、**「ロジカルシンキング」**。どちらもはっとさせられる言葉ではないでしょうか。有名な経営者の言葉のようにも聞こえますし、西野さんが言うとより伝わりますね。

ここまでお読みいただいた方は、『えんとつ町のプペル』という絵本を分業制で作ってしまうことも、インターネットで無料公開してしまうことも、はじめに1万部自分で買ってしまうことも、どれも緻密な計算の上になされていることに気付くことでしょう。**意外な施策なようでも、他の施策や方針と組み合わせた時に絶妙な合理性を持つときに、いわゆる筋のいい戦略や施策であると言えます。**例えば著者が行った取り組みは、著者の個性やファンの存在があってこそ成り立つ取り組みとなっていて、誰もがまねできるわけではありませんが、組み合わさると有効な施策だったと言えるでしょう。

本書で書かれていることを、そのまま真似をして成功できる人は限られるかもしれません。ただ、著者の考え方は誰もが真似できるものだと思います。**一見常識外れに思えたとしても、置かれた環境を観察して一つ一つ論理を積み上げていけば、おのずと筋のいいオリジナルな施策が見えてきます。**著者は「アイデアの待ち合わせ場所になった者が勝つ」とも言っています。日頃から新しいアイデアにふれられる環境に身を置きながら、常識にふりまわされずに自分ならではのやり方を考えてみましょう。中にはうまくいかないものもあるかもしれませんが、試行錯誤を繰り返せば、独自性のあるいい施策が見いだせるはずです。本書はそのための勇気と指針を与えてくれています。

しびれる一文と解説

「努力量が足りていない努力は努力ではない。誤った努力もまた努力ではない。」
（P202）

『えんとつ町のプペル』を売るために著者が行った様々な工夫の組み合わせは、ここでいう「努力」です。いい本を仕上げたら、あとは本を印刷して流通の仕組みにゆだねれば、ヒット作ができるわけではないという理解があって、数々の施策を考えたように見受けられます。

私は「努力量が足りていない努力」はつまり、人並みに考えて、人並みに努力をすることを言うと理解しました。例えば、経営コンサルティングの現場では、クライアントの経営課題や事業計画について提言をしていきます。そこで、クライアントが社内でできることを代わりにしたとしても、ほとんど価値はありません。

そのため、少なくとも依頼をされた範囲に関しては、クライアントはもちろん、どんな人よりも詳しくなるのだ、という気概が必要ですし、**クライアントが日常考えているものを上回った提言だけが成果として認められるのです。**つまり、人に追い付くまでの努力には意味がなく、上回ってやっと努力として意味を持つのです。

現代のビジネスシーンでは、単純な労働力を売るケースは徐々に少なくなってきています。個人は何かの領域のプロフェッショナルになることが求められています。人並みの努力では足りません。周りの人と比べて、指一本でも先に進めるように、こだわりぬく気持ちが大切です。量が質を作ることもあります。最後の一押しの努力に意識を向けましょう。

これからの時代を生きる人へ

本書で初めから一貫して語られるテーマは「信用」の大切さです。

お金も信用を形にしたものと言えるかもしれません。**本書でもお金に関する記述がありますが、お金を持つ人間が一番力を持っている訳ではないとも断言されています。**お金を信用に変換することはできない一方で、信用からお金を生み出すことはできるのです。クラウドファンディングやオンラインサロンは、まさに信用を活かして資金を生み出すアクションだと言えるでしょう。

一般的に信用は、まじめであることや誠実であることにより築かれると考えられているように思います。もちろんそれらの行動も大切です。でも著者が本当に大切だと考えていることは、**自分に嘘をつかないですむ環境を、意思を持って選ぶ、あるいは作り出すこと**ではないでしょうか。ビジネスの世界に身を置く人であれば、自分らしくいられる環境に身をおくことが大切です。そして、仕事で関わる人とわかり合うことができれば、自然と信用も蓄積されていくものです。

西野さんならではのシュールな笑いやつっこみもあって、本書はとても読みやすい構成になっています。現代の新しい生き方の方向性を鋭く指し示す本書をぜひ手に取ってみて下さい。

ビジネス書グランプリ2020
イノベーション部門賞

売上を、減らそう。
たどりついたのは業績至上主義からの解放

著者：中村 朱美
出版社：株式会社ライツ社
発売日：2019年6月17日
定価：1500円＋税
ページ数：264ページ

テーマ

従業員の幸せを第一にして、売上を最大化しない。逆転の発想なのに一貫性のあるマネジメント論。

著者情報

▼中村 朱美（なかむら あけみ）

1984年、京都府亀岡市生まれ。専門学校の職員として勤務後、2012年9月に飲食事業や不動産事業を行う「株式会社minitts」を設立。1日100食限定をコンセプトに、美味しいものを手軽な値段で食べられるお店「佰食屋」を行列のできる人気店へ成長させる。

「1日100食限定」というお客さまにも従業員にもそして環境にも優しい経営の実現により、第32回人間力大賞農林水産大臣奨励賞、ForbesJAPANウーマンアワード2018新規ビジネス賞、日経WOMANウーマンオブザイヤー2019大賞等数々の賞を受賞。この不安定な世の中を生き残っていくために考え抜いた経営手法や『佰食屋』の運営に込めた「想い」や「優しさ」が人々の共感をよんでいる。

目次

グランプリを受賞した背景

はっきり言えば、著者はマネジメントの常識とは違う方針を貫く経営者です。大企業の成功法則がまとめられた一般的な経営理論とは異なる、と言った方が正確でしょうか。成長と利益が宿命づけられる資本主義のルールの中で、どれだけ話題になっても100食限定を貫くことは、周りが思っている以上に難しいことだと思います。本書には、著者が度重なる苦難に直面して、一つひとつ乗り越えていくストーリーが描かれています。

常識から離れて、まっさらな状態で本書に触れると、全く違った印象を持つかもしれません。著者の理念の根っこにあるのは、「一人の人間として幸せに過ごすために大切なもの」は、人によってもっと彩りがあっていい、という考えのように思えます。**読み進めるにつれ、ゼロから新しい概念を自分の頭と手を使って作り出すことの、葛藤と努力の過程が鮮明になっていきます。**

タイトルとなっている『売上を、減らそう。』という境地にたどり着いた著者の頭の中を追いかけながら、少し客観的な姿勢で佰食屋を見たときの示唆を考えていきましょう。

この本の全体像

▼「佰食屋」誕生のものがたり

著者の夫の夢は、定年退職したら自分のレストランを開く、というものでした。食べ歩きと料理が趣味の夫は、後に佰食屋の看板メニューになるステーキ丼のレシピを完成させていました。国産牛モモ肉を絶妙な焼き加減で仕上げ、すじ肉、赤ワイン、醤油などでつくった特製ステーキソースと香味オイルがかけられたものです。

当時28歳の著者は、収入が減ってもいいから、やりたいことがあるならすぐに行うことを提案したと言います。それから4カ月後の2012年11月、佰食屋は誕生しました。それまでに貯金した500万円の開業資金をかけた挑戦でした。

著者の父はホテルのレストランのシェフをしていたそうです。仕事が終わるのは夜遅くで、家族が寝静まってから帰宅する生活でした。その父は交通事故に遭って経理課に移った後、家に早く帰ってくるようになりました。その父からは、「飲食店だけはアカンで」と言われていたそうです。でも、何よりも食べることが好きだった著者は、理想とする働き方を飲食業界で実現することに力を注ぐのです。

始めてみたものの、開店当初は100食限定なのに、20食程度しか売れませんでした。食材の廃棄も多く、失敗したかもと夫に弱音を吐くことも増えました。そんな状態を夫は支えました。「まだみんな店を知らんだけ。知ってもらえたら、絶対来てくれる」。困難な日々には、そんな楽観的な言葉に励まされることも多かったそうです。

▼急に訪れた飛躍の瞬間

そんな状態が1か月ほど続いた頃に転機が訪れます。普段のように20食分程度しか食材を用意していなかった日に70名もの客が押し寄せました。きっかけは個人ブログ。佰食屋の紹介が、Yahoo!の地域ニュース欄にリンクされていたのだそうです。その日を境にお店の様子はガラッと変わりました。その後もタウン誌やローカルテレビで次々と取り上げられていきます。そして開店から3か月弱で、夜の営業も含めて、とうとう目標としていた1日100食を売り切ることが実現されたのです。

ゴールデンタイムに全国放送された番組での特集をきっかけに、キャパシティの10倍にもなる100名以上が並んだことがありました。近隣からクレームがあり、警察官も来る始末です。そこで列を減らすためにとった対応は、メモ紙に番号を書いた整理券の配布でした。これが結果としては大成功。日々の客数が早い時間に読めるようになったのです。

2店舗目の「すき焼き専科」をオープンしたころ、家には待望の長女が生まれました。店長候補の従業員に店を託しながら、何とか切り盛りしていきました。創業から3年経ったころ、夜の営業を完全に廃止しました。それまでは夜も含めてやっと100食というペースだったものが、ランチ専門にすることで客が昼に集中するようになりました。すると、ランチタイムだけで100食が売れたのです。2店舗目も軌道に乗り、3店舗目の「肉寿司専科」もオープンしました。

▼100食限定ならではの特長

佰食屋の特長を「サービスを極限まで絞ることで売上を上げているお店」だと著者は表現しています。100食限定とは、100食以上の売上を諦めているということになります。売上を追いかける業績至上主義とは決別した佰食屋のビジネスモデルのメリットを、5つに分けて紹介していきます。

①従業員が「早く帰れる」

佰食屋の営業時間は11時から長くても15時までです。100食売り切ったら店を閉めます。そのため、正社員でも遅くても17時45分には帰ることができるのです。残業はありません。毎日営業するためには、従業員の急な休みにも対応しなければなりません。そのため、佰食屋ではかなり余裕をもった人数の従業員を採用しているのだそうです。

従業員にとっての目標は売上ではなく、100食を売り切って早く帰ることの1つに絞られます。通常の店では客が来ると、売上が上がる代わりに従業員が忙しくなる、というジレンマがあります。しかし、佰食屋では客が来れば来るほど、早く営業をやめられるのです。「早く帰れる」ことが定着すれば、自分の好きなことに使える時間をとることができるのです。

②フードロスがなくなることによる経費削減

100食限定を徹底するうえで、電話予約やインターネット予約を行わない、というポリシーを貫いています。整理券をもらうためには、朝に佰食屋を訪れなければならないのです。それにより無断キャンセル、すなわち「**ノーショー**」を減らしています。無断キャンセルを減らすことにより、100食に十分な原価をつぎ込むことができるのです。

また、毎日使う食材の量が決まっているため、佰食屋には冷凍庫がありません。食材の発注量が一定だから卸業者にとっても安定的な発注が得られ、喜んでもらえます。

100食限定と決めることで、余分に作らなくて良くなり、肉もご飯もほぼ100%売り切ることができます。ご飯の大盛りによるぶれは若干ありますが、少し余ったとしても従業員のまかない飯で、すべて消化することが可能になっています。

③経営がシンプルになる

100食限定とすることで、当たり前ですが需要予測が必要なくなります。そうすると圧倒的なコストパフォーマンスの商品を作ることに集中できるのです。

佰食屋の商品・店舗開発には、条件が定められています。例えば、月に1回その金額を出していきたいお店なのかどうかも条件の1つです。そして、ごちそうであることも重視されています。それだけ、メニューの魅力がなければならないのです。

佰食屋の原価率はなんと50％もあるといいます。家では食べられないごちそうなのに、リーズナブルな価格であることが、佰食屋が毎日１００食を売り切る鍵になっています。

④どんな人も即戦力になるシンプルさ

佰食屋は採用にも特徴があります。特にこの点は読者としては驚くような内容です。佰食屋では意欲的な人やアイデア豊富な人は採用しないのだそうです。採用の窓口はハローワークに絞っています。自分からメディアを見て著者に電話をかけてくるような意欲的な人は、あえて採用しないのだそうです。なぜでしょうか。

意欲的な人は、１００食限定という売り方に満足せずに、新しい取り組みを企画していき、既存の従業員を困らせてしまうだろう、という理由なのだそうです。メニュー開発や店舗出店は、著者と夫の2人で行っているため、企画はそこで十分まかなえているのでしょう。それよりも、佰食屋の従業員に求められることは、コツコツと丁寧に、毎日決められたことをきちんとやる、ということなのです。世の中で優秀だ、という基準にはあてはまらなくとも、まじめで誠実であることが、佰食屋で働く大切な特性なのです。

⑤よりやさしい働き方になる

従業員から売上目標という指標を除いてあげることで、右肩上がりの売上という呪縛はなくなり、よりよいサービスを提供することに意識が向きます。毎日100食を提供するための集客は、著者を中心に広報を行うことを通じて十分できています。従業員が宣伝のために、SNSで告知をする写真に悩むこともないのです。

サービスを磨くことに集中していた中で、京都という土地柄もあって海外の客へのサービスを磨くことにも挑戦できたそうです。英語、中国語、韓国語への対応を進めていき、外国人観光客でも簡単な接客ができるようになりました。目標に縛られることなく、目の前の仕事でできることを自然に行う環境になっているのです。

自分ならではの解を見つける閃きポイント

適材適所は今も昔も大きな組織を動かすためには大切なことでしょう。その言葉が持っている本来の意味は、適切な人をその人が合った場所に配置する、ということのはずです。でも知らず知らずのうちにその言葉を、アイデアが豊富で頭のいい人を採用して、仕事や教育プログラムを通じて育成して、その才能を活かせる部署に配属するという意味にすり替えてしまっているように思えます。著名な大企業に優秀な人材が集まって、中小企業の多くは慢性的な人材不足になっているというような報道もよく見るのではないでしょうか。

ところがです。佰食屋のモデルを深く知ると、適材適所という純粋な言葉ですら、偏った眼鏡で見ていたのだということに気付かされます。佰食屋には佰食屋に適した人材がいるように、あなたの会社にはあなたの会社に適した人材がいるはずです。採用の方法も話題の採用メディアや人材紹介会社に限らず、独自のルートが取れるかもしれません。

「**ゼロベース**」という言葉をご存知の方も多いかと思います。世の中の常識や自分の経験を一回頭の中から取り除いて、ゼロから最善の方法を考えると筋のいい施策が思い浮かぶ、という言葉だと私は理解しています。佰食屋は、このゼロベースで考えるということの難しさも、有効さも、改めて実感できる貴重な事例なのではないでしょうか。

しびれる一文と解説

「働く時間は増えるのに、給料はあまり変わらない。会社が儲かっても社員が報われないのはおかしい。（中略）もう「頑張れ」なんて言いたくない。わたしは「仕組み」で人を幸せにしたい。」（P6〜7）

この考えに共感する方は多いかもしれません。しかしその共感のままに、佰食屋をまねしようと思ったとしたら、ちょっと危険です。佰食屋が成功しているのは、経営者の理念と会社の仕組みに美しい整合性と一貫性があるためということを理解しておくべきです。

例えば急に、残業をなくして定時に帰るようにしよう、売上の上限を決めてそれ以上は頑張らないようにしよう、世の中で言われる優秀な人を採用するのはやめよう、ということを部分的に模倣したとしても、うまくいかないでしょう。まず、佰食屋は外食産業であるため、需給が一致することのメリットが大きいことに想像が及ばなければなりません。外食産業では、食材の原価と人件費の割合が高く、それらを最適に配分する必要があるという事業上の特性があるのです。それとは異なり、ＩＴ業界の多くの会社では原価の割合が小さいため、売上は当然大きい方がいいわけです。

外食産業の特殊性を理解したうえで、それでも著者の理念に心から共感するのであれば、参考になるところは大いにあるでしょう。**ポイントは何を一番大切にするかです。**著者の理念のベースになっているのは、健全な給与を提供しながらも、従業員への負担を減らし、長時間働かなくて済むような会社を作りたい。そしてそのような選択肢を世の中に提供したい、ということなのだと思います。そのために、試行錯誤を重ねてたどり着いたのが、今の佰食屋の仕組みなのです。

これからの時代を生きる人へ

佰食屋のものがたりには本書の続きがあります。順調な運営が続き、新たな展開としてより小規模な店舗の系列を作るフランチャイズ「佰食屋1／2」を始めた後、新型コロナウイルスの流行が経営を直撃します。京都への観光客の足がぴたりと止まり、当然ながら佰食屋の集客もそのあおりを受けるのです。

運営の持続性を高めるために、賃料（家賃）の水準を抑えた店にすることや、日々の運営の利益率を改善することに経営努力を向けていきます。そして通常営業が再開されると、今まで以上の客が店舗に押し寄せるようになったそうです。その過程では、テレビ東京の『ガイアの夜明け』でも特集がありました。番組を見て、著者の全身全霊をかけた経営の姿勢に、共感した方も多かったと思います。

本書の本当の魅力は、著者である経営者「中村朱美」の試行錯誤の過程を追体験できることにあります。一見常識に反した特徴のある経営方針を貫く過程では、誰も直面しなかったような課題が日々押し寄せてきます。そのような難しい状況に対して、妥協することなく自分の頭で考えて、店舗という現場を大切にして、答えを出していく様には、敬意すら覚えます。

その格闘の内容は本書に余すことなく描かれています。親しみやすい文体で書かれた本書から得られる教訓やノウハウは、表面的なものではなく会社や生き方というものの深いところに到達しています。何かに挑戦する人や、何かに挑戦している人を応援する立場の方には、ぴったりとはまる教訓が得られる一冊です。著者の今後の取り組みと佰食屋の展開を通じた今後のさらなる成功を、一人の読者としても願っています。

5

マネジメント

2年目でも課長でも社長でも
共通のマネジメントスキルを学ぶ。

ビジネス書グランプリ2016
マネジメント部門賞

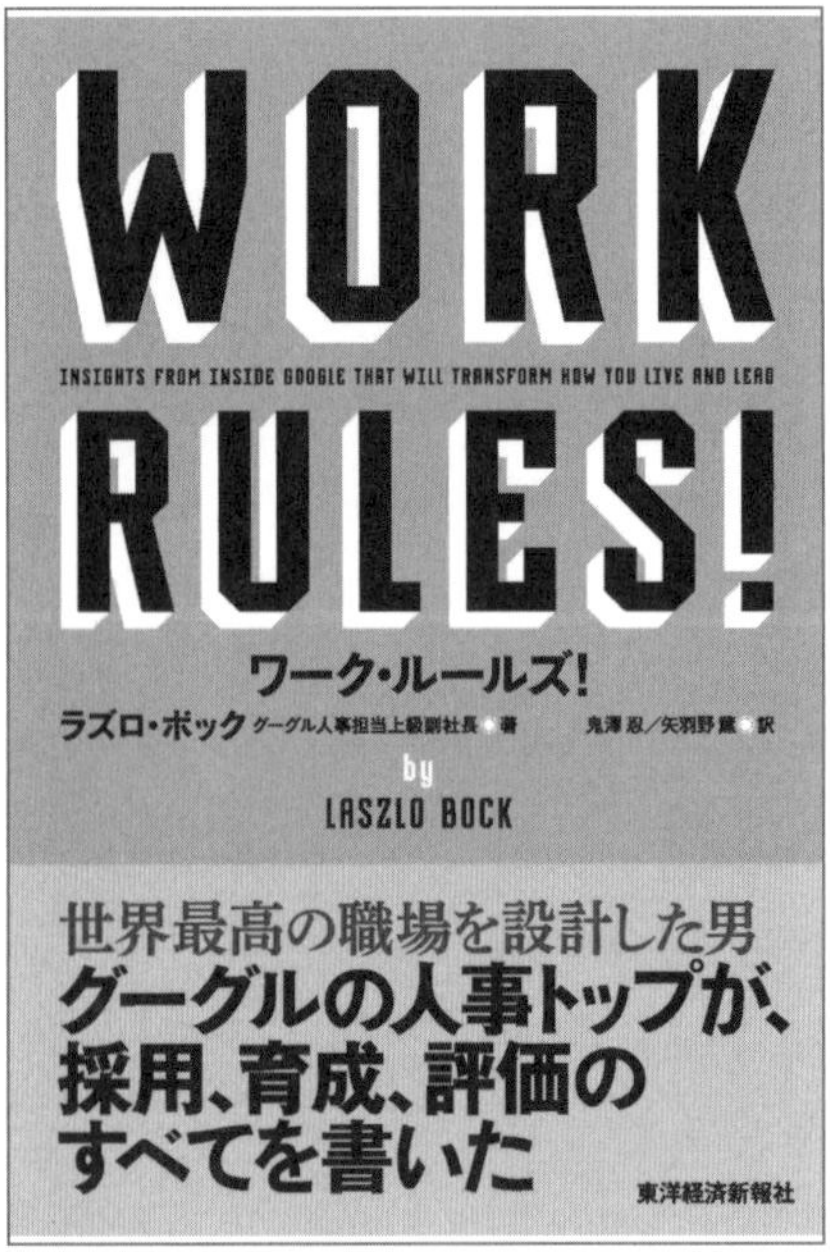

ワーク・ルールズ!
君の生き方とリーダーシップを変える

著者・訳者：ラズロ・ボック著、鬼澤 忍訳、矢羽野 薫訳
出版社：東洋経済新報社
発売日：2015年8月13日
定価：1980円＋税
ページ数：560ページ

テーマ

革新を起こし続けるグーグルの人材活用の秘訣を知ろう!

著者・訳者情報

▼**ラズロ・ボック**

グーグル人事担当上級副社長。1972年、共産主義政権下のルーマニア生まれ。マッキンゼーやGE勤務を経て、2006年にグーグル入社。従業員が6000人から6万人に増えていく過程で、グーグルの人事システムを設計し、進化させてきた責任者。グーグルは世界各国で「最高の職場」として認められ、数多くの賞を受賞している。

▼**鬼澤 忍**（おにざわ しのぶ）

翻訳家。埼玉大学大学院文化科学研究科修士課程修了。主な訳書にサンデル『これからの「正義」の話をしよう』、同『それをお金で買いますか』、マグレイス『競争優位の終焉』、ワイズマン『滅亡へのカウントダウン』、アセモグル&ロビンソン『国家はなぜ衰退するのか』、マエダ『シンプリシティの法則』ほか。

▼**矢羽野 薫**（やはの かおる）

会社勤務を経て翻訳家に。慶應義塾大学法学部卒。主な訳書にファング『ナンバーセンス』、シーゲル『ヤバい予測学』、スクラー『ディズニー 夢の王国をつくる』、ウッド『マイクロソフトでは出会えなかった天職』、パウシュ『最後の授業』、アッシュクロフト『人間はどこまで耐えられるのか』ほか。

目次

グランプリを受賞した背景

「フォーチュン」の調査で「世界で最も働きたい会社」に幾度となく指名されてきた革新的で偉大な会社、グーグル。最難関とも言われる入社試験には、毎年なんと200万通もの応募があるのだそうです。なぜグーグルは、革新的で先進的なイメージを持ち続けていられるのでしょうか。

グーグルが革新的な企業であり続けているのは、その仕組みに重要な要因があります。著者のラズロ・ボックは、まだグーグルが6000人規模だった2006年に参画して、それ以来ずっと人事部門を率いてきた人物です。ラズロ・ボックほどグーグルの人事制度の秘密を知っている人は世の中にいないでしょう。本書を読めば、グーグルの制度は決して特異なものではなく、美しい一貫性を持っているということがわかるでしょう。

著者は、グーグルの人事担当上級副社長として、自由と創造に満ちた環境をつくりだしてきました。その貴重な経験から学んで、私たちの組織に革新をもたらすヒントを学びましょう。

この本の全体像

グーグルのミッションは有名なので、どこかで聞いたことがあるかもしれません。**「世界中の情報を整理し、世界中の人々がアクセスできて使えるようにする」**というものです。それを支える人事制度は個性的です。本書を隅々まで読めば、特に①採用活動、②評価制度、③業務運営に特徴があることがわかります。それぞれ紹介していきましょう。

▼採用活動

グーグルは採用活動に対して、意図を持って極端に多くのリソースを割いています。人事予算に占める採用費用は平均的な企業の2倍以上になっています。それはなぜでしょうか。**グーグルには、彼らが優れた社員を選ぶことに集中することで、採用後、育成に対する手間と費用が少なくなるという勝算があるのです。**上位10%の求職者を選ぶことができれば、きっと平均以上の成果を出してくれるだろう、と。一方で、平均的な求職者の場合、多額の育成費用がかかるばかりか、平均をはるかに下回る成績という結果になりがちです。

今でこそグーグルは巨大企業です。しかし、その思想を形作ったのは、まだグーグルがスタートアップだった頃に、優れた社員が不足して成長の足かせになってしまっていたという背景があったようです。スタートアップの採用ではよく聞くことですが、グーグルでも入社時に50%を超えるような減給を受け入れて入社する人もいました。高額な給与を提示できない中で、それでも優れた候補者に社員として参画してもらえるように、採用に最大限の労力を割いていたことがうかがえます。

では面接では、何を見ることを重視していたのでしょうか。グーグルでは、一般認識能力(頭の聡明さ)、リーダーシップ、グーグル的であること(カルチャーに合っていること)、職務関連知識、の4つを確認しています。面接官の直感を頼らずに、採用の該当職種を入力すると最適化された面接ガイドをあらかじめ送る「qDroid」と呼ばれる仕組みを導入しています。グーグルでは面接のクオリティも、データを駆使しながら改善し続けていることがわかります。

▼評価制度

ではグーグルの評価の仕組みを見てみましょう。どの会社でも、評価における業績管理の満足度は低いものです。それはグーグルでも例外ではありませんでした。業績管理のプロセスに満足していたのは55％に過ぎなかったといいます。そこで、2000年代初めに、グーグルの取締役だったジョン・ドーアはインテルで成功を収めていた仕組み、OKR（Objectives and Key Results）を導入しました。OKRではまずそれぞれが目標設定を行います。その目標にはムーンショットとも呼べるような野心的な目標を掲げます。それぞれが掲げた目標は全社員に公開されます。**目標に対して、具体的、計測可能、検証可能な結果指標を指定し、評価期間にわたって計測します。経営トップのOKRですら可視化されていることは、特徴的と言えるでしょう。**

業績評価は試行錯誤の末、15段階評価から5段階評価に移行しました。評価をあえてあくしたのは、3・3の評価と3・2の評価の違いを説明するような無駄なプロセスをなくすためです。そしてマネジャーが付けた初期評価から10人のマネジャーが集まる調整プロセスを経て、最終的な評価を確定します。その調整プロセスをキャリブレーションと呼んでいます。評価のフィードバックでは、**人材育成のための話し合いと、報酬のための話し合いを分けるという方式を取っています。**それにより、一人ひとりの成長に向けた改善策に対して真摯な話し合いをすることを実現しています。

▼ **業務運営**

グーグルでは、自分の仕事や会社をみずから形づくることを目的として、**勤務時間の20%を社員に与えていることに注目です。**社員はその20%の時間を日常業務から離れ、グーグルのビジネスに関係する、自分の興味を引くプロジェクトにまわせます。経営陣による正式な監視をややはずれ、創造性豊かな人々の才能を発揮するための工夫です。また、それによりグーグルならではのフラットで個人を尊重する文化が築かれているとも言えます。

G2G（グーグラートゥグーグラー）と呼ばれている研修にも言及が必要でしょう。グーグラーはグーグルの社員のことです。つまり、**G2Gとは社内で自分の得意分野を教え合う取り組み**のことを指します。2013年時点で2200種類の講義が実施され、約3000人のG2G講師から2万1000人以上の人が学んでいます。グーグルでは最も効果が高いことを教えられるのは、固有の事情に詳しい自社の社員だと考えているのです。G2Gでは講師となる社員もフィードバックが得られてスキルを深める機会があることが、更なるメリットを生み出します。

自分ならではの解を見つける閃きポイント

日常業務だけでも忙しいのに、採用に通常の倍もの労力をかけるなんて考えられない。従業員に20%もの時間の自由を与えているなんて信じられない。といった、様々な感想を持ったかもしれません。他にもグーグルのようなエンジニアが中心で、しかも超一流の人を集められる組織だから実現できるのだろう、と思った方もいるかもしれません。

現実に照らして難しいところをあげると、たしかにいくつも考え付くことでしょう。それでも今の自分の環境から一歩引いてみて、この仕組みの素晴らしさを考えてみたいものです。**グーグルの制度は、人に対する信頼が基盤となり、自由を与えてそれぞれの才能を最大限発揮してもらいたい、**という哲学とも言える思想が一本の柱をなしています。もし従業員を信用していなければ、20%もの時間を自由にしてもらうという案は実現できないでしょう。与えられた20%の時間だけ、ほとんどの人がさぼってしまうと考えるかもしれません。

グーグルの人事制度で最も重視していることは、採用活動です。数々の取り組みが際立って優秀な人に加わってもらうことに焦点が当てられています。そのために多くの時間が費やされます。一方で、研修費用には多くを割いていません。一流の社員は20％の自由時間も使いながら創造性を発揮するとともに、仕事や会社の仲間から自ら学び続けるため、そこに強制的な研修をはさみ込む必要性が少ないからです。

評価にもOKRというその人の主体性を最大限重視した方法が組み込まれています。自分で設定した目標に対して、検証可能な結果指標を必ず準備するところは、データを世界一とも言えるほど重視するグーグルらしい評価制度と言えるでしょう。

日々の業務でもマネジャーから細かい指示をするマイクロマネジメントを抑制していて、メンバーの自律性を重視した運営をしています。20％ルールもその一環です。あえてマネジャーの権限のおよばない時間を作り、各メンバーに自分で考えて実行する時間と余裕を与えているのです。

このように**グーグルの人事制度の全体像を俯瞰して眺めると、優れた人を惹きつけた上で「自由」「自律」「フラット」「尊重」というような価値観を重視するという、美しい一貫性が見えてくる**のではないでしょうか。

しびれる一文と解説

グーグルの創業者の1人、ラリー・ペイジは次のように語っています。

「リーダーとしての私の仕事は、わが社で働くすべての人がすばらしい機会を持てるようにすること、また彼らが有意義な影響を与え、社会の改善に貢献していると感じられるようにすることです。」（P54〜P55）

今まで紹介してきたグーグルの人事制度の一貫性を仕上げる最後のピースは、この創業者の考え方だと言えるでしょう。ラリー・ペイジとセルゲイ・ブリンという2名の創業者の名前は、本書の中で何度も出てきます。この言葉には、ラリーの理想が端的に示されています。メンバーに対して、**「社会の改善に寄与しているんだ」**という仕事の意義を十分に感じてもらった上で、「すべての人」がすばらしい機会を持てるようにすると言っています。もう一度言います。一部の人ではなく、「すべての人」です。これを建て前だと笑う人もいるかもしれません。しかし、いざ会社を創業して、一人ひとりのメンバーに加わってもらうという体験をしている創業者であれば、より実感するかもしれません。どのメンバーもかけがえのない人であり、その成長と幸せを心から願っているということを。

もしあなたが転職を考えているとしましょう。会社には大きく分けると二通りの考え方があります。一つ目は指揮命令系統重視。つまり、再現可能な仕組みを構築し、指揮命令系統をしっかり定め、磨きぬかれた歯車としての社員を求める考え方です。そしてもう一つは、人の才能を最大限発揮するカルチャー重視。すなわち、人をそれぞれが幸せを求める存在と認め、その人を信頼した上で、自主性や自律性に運営の多くをゆだねるという考え方です。今いる組織はそのどちらだと思いますか？　またどちらに近い会社に勤めたいですか？　これはどちらかが正しいということではありません。

自分がマネジャーだったと仮定して考えてみましょう。組織が成果のために一糸乱れぬ動きをすることに喜びがある人もいるでしょう。個人が自由で自律的に動く生命のような動きをする組織になることが嬉しい人もいることでしょう。これは経営者やマネジャーの哲学によるところです。グーグルは後者の考え方を突き詰めた上で、大企業に育った代表的なケースです。

本書を深く読み解いていくと、組織のあり方は自分や周りの人の人間性に強く依存することに気付くでしょう。

これからの時代を生きる人へ

これからの時代で、変化に対応し続けられる会社とはどのような会社でしょうか。過去と同じことを続けられるような環境の会社は、もはや珍しいと言えます。それでは何が企業の寿命の長さを決めるのでしょう。もちろん企業が持っているビジネスモデルや資金等の資源もたしかに重要な要素となります。

しかし最も重要なことは、その会社が優れた人を惹きつけ続けられるかどうかではないでしょうか。その優れた人は今この時点で十分なスキルを持っている人ではありません。新しい業務や事業にも柔軟に対応して、すぐに力を発揮するような、素晴らしい素養を持っているということです。

インフラ産業や金融機関のように多少寿命の長い業界はありますが、小売業、外食業、IT等のテクノロジー産業を中心に、多くの業界では企業の新陳代謝のサイクルが早まっています。今の事業基盤が揺らぐ、あるいは今後変わることが予見される際に、今の強みを活かした新しい事業にチャレンジできることは、会社経営にとって重要なオプションだと言えるでしょう。

グーグルの経営では、人を絶対的に信頼します。優れた人を採用して、次々に新規事業を打ち出しています。社員には社会への貢献の機会を与え、その自律性を重視して、短期的な非効率性をも飲み込んだ長期的な経営を志向しています。グーグルの制度を読み解くと、優秀なメンバーがより多く参画すること、そして参画しているメンバーがより長く活躍することを促進している構造が映し出されます。

グーグルの個別の制度を取り入れても弊害が起きるだけかもしれません。もしも組織のトップあるいは多くのメンバーが指揮命令系統の厳格さを重視しているとしたら、グーグルの制度は相性が悪いと言わざるをえません。**グーグルの制度はあくまでも「自由」「自律」「フラット」「尊重」という価値観を重視する組織にとって相性のいいものです。所属する組織の特性を見定めたうえで、慎重に取り入れていくような考えの深さが求められます。**

そのスタンスを保つことができれば、『ワーク・ルールズ！』は最高の参考文献になります。全社レベルはもちろん、自分が所属している部署やチームでも、どのような運営が望ましいのかを改めて考える題材にいかがでしょうか。

ビジネス書グランプリ2020
マネジメント部門賞

学校の「当たり前」をやめた。
—生徒も教師も変わる！ 公立名門中学校長の改革

著者：工藤 勇一
出版社：株式会社時事通信出版局
発売日：2018年12月25日
定価：1800円＋税
ページ数：216ページ

テーマ

**常識外の学校改革からわかる
マネジメントの本質**

著者情報

▼**工藤 勇一**（くどう ゆういち）

1960年山形県鶴岡市生まれ。東京理科大学理学部応用数学科卒。山形県公立中学校教員、東京都公立中学校教員、東京都教育委員会、目黒区教育委員会、新宿区教育委員会教育指導課長等を経て、2014年から千代田区立麹町中学校長。教育再生実行会議委員、経済産業省「未来の教室」とEd Tech研究会委員等、公職を歴任。本書が初の著作となる。

また、千代田区立麹町中学校に関する書籍に、多田慎介著『「目的思考」で学びが変わる―千代田区立麹町中学校長・工藤勇一の挑戦』（ウェッジ）、保護者向けの書籍として、『麹町中学校の型破り校長 非常識な教え』（SBクリエイティブ）、『麹町中校長が教える 子どもが生きる力をつけるために親ができること』（かんき出版）がある。

目次

グランプリを受賞した背景

正座して向き合いたくなる、そんな本です。『学校の「当たり前」をやめた。』というタイトルに惹かれて、どのような教育改革をされたのかを追っていくと、知らず知らずのうちに自分自身の生き方を問われているような感覚になります。

著者の工藤校長は、優れたリーダーの特性を多く持つ方です。本書には、著者が常に本質や原理原則を大切にして、前例にとらわれず、難しい環境に合わせた選択をし続けている様子が描かれています。計画を実行に移す様子からは、批判を受け止めながら最善策を模索する知的な体力も、実行まで導く対話力も感じられます。

本書を通じて紹介されている教育改革の内容は素晴らしいものです。**我々が学校で学んでいたときに感じていた違和感が、工藤校長の提言によって鮮やかに解消されることでしょう。**そしてここで語られている取り組みは、教育現場に限らず、組織を率いる立場にある多くの人の心に届く普遍性があります。その応用範囲の広さゆえに、本書は今も多くの人の共感を集めています。

この本の全体像

▼大胆な4つの中学校教育改革

①宿題をなくす

麹町中学校に赴任した2年目、著者の工藤校長は夏休みの宿題をなくします。その後、4年目には宿題の「全廃」に踏み切ります。ここまで大胆な変革をした理由を追っていきます。

宿題の目的は「子どもの学力を高めること」「学習習慣を付けること」だと言われています。しかし、子どもたちの実態を見ると、そのようになっていないことがわかります。例えば、数学の計算問題が20問出されていたとしましょう。勉強ができる子はあっという間に片づけ、苦手な子は解ける問題だけを解いて提出するでしょう。

本来は「分からない」ところを「分かる」ようにすることこそが、学力を高めることにつながるはずです。ところが、現実の宿題は分かる人には無駄な作業となり、分からない人にとっては重荷となっているのです。定められた勉強方法ではなく、それぞれの生徒の特性に合った形で行うことが、勉強の効率を上げるために重要なのです。

教員が宿題を出す本当の理由は、子どもたちの評価を通知表につけるためだと著者は喝破します。このように教員のための宿題になっていては本末転倒です。宿題を全廃したときに、最も喜んだのは受験を控えた3年生の生徒だったといいます。**自分にとって非効率な作業から解放され、時間を自分の考えで使えることの価値を感じ取ったのでしょう。**

②定期考査を廃止

著者は学校の勉強の柱になっていると思われる、中間・期末テストといった定期考査も全廃します。中高生は定期考査前の1週間で、日ごろの遅れを取り戻すべく、テストに出そうなところを一夜漬けで詰め込みます。たしかにテストの点数を取るには効率的な方法ですが、学習成果を持続的に高めるためには効果的ではありません。テストを受ける時点の瞬間最大風速を計測することが、適切な評価にはならないのです。

順を追って定期考査を減らしていき、赴任5年目には全学年で中間考査・期末考査をなくしました。その代わりに、「比例と反比例」などの単元ごとに行われる単元テストを始め、年に3回だった実力テストを5回に増やしました。また、単元テストは何度もチャレンジできるようにしました。単元テストで個々の領域の定着を図り、範囲のない実力テストで真の学力を測ることにしたのです。

ここで宿題を課していた時と同じ問題が発生します。定期考査を廃止して、やり直しのできる単元テストを中心に評価をする場合、通知表の評定をどうするのかという問題です。著者は全員に「5」を与えてもまったく問題がないと考えていました。教員から、「本当に、そんな評価をつけてよいのですか？」と聞かれた際の著者の返答が印象的です。**「もちろんです。全員の成績を上げるのが、私たちの仕事ではないですか？」**。

③固定担任制の廃止

麹町中学校では1クラス1担任による固定担任制をやめ、学年の全教員で学年の全生徒を見る**「全員担任制」**を採用しました。それにより、一人ひとりの教員の得意分野を発揮してもらうという意図が込められています。生徒のサインを読み取ることが得意、保護者対応が得意、ICTの活用が得意、というように教員にも個性があるのです。その個性を生かし合うことができるように、全員担任制へ移行しました。

「固定担任制」には元々問題がありました。まず学級の良し悪しが、担任に紐づけられてしまうのです。また、担任がクラスの子どもたちに対してどうしても責任を持ちすぎるようです。さらには担任が優れていると、よくまとまったクラスになり、テストの点数も上がるという傾向が見られる一方で、担任の力量が劣っているとそうではなくなります。そのため、「勝ち組」「負け組」の意識が芽生えることも少なくありません。全員担任制ではそのような弊害もなくすことができます。

「全員担任制」を円滑に進めるためには、教員間の連携が大切になります。週1回の打ち合わせ等を通じた日常的なコミュニケーションを図ることで、教員間の連携も良くなったという効果も得られたそうです。たとえ**100年続いた仕組みでも変える柔軟性を、教育関係者は持つべきなのです。**

④誰もが楽しむ体育祭への変革

その他にも、体育祭の「クラス対抗」を廃止しました。特に代々続けられてきた「全員リレー」をなくすという判断を生徒中心に行いました。その議論の中には麹町中学校の特性が表れていました。

著者は生徒たちに対して、体育祭は**「生徒全員を楽しませること」**というミッションを示しました。生徒たちは、まず「全員リレー」をやりたいかどうか、生徒全員にアンケートをとったそうです。9割の生徒は「やりたい」、1割の生徒は「やりたくない」という結果になりました。

彼らはその1割の生徒たちの「やりたくない」理由に注目しました。運動が苦手で走りたくない、女の子に抜かれるのは恥ずかしい、という少数派とはいえ重要な意見がありました。そして、「生徒全員を楽しませること」というミッションをふまえ、1割の少数派の意見を選び、「全員リレー」を行わないという決断をしました。

その後、生徒会と体育委員が中心となり、魅力的なプログラムを定めていきます。生徒が主体となって運営された2018年5月の体育祭は感動的なものとなりました。閉会式では、壮大な校歌斉唱が校庭に響き渡り、感動のあまり泣き出す生徒もいました。

▼学校は何のためにあるのか

学校は本来、人が**「社会の中でよりよく生きていける」**ようになるために学ぶ場所であるべきです。学校に行くこと自体すらも、そのための1つの手段にすぎません。学校以外にも学びの場はありますし、社会とつながることもできます。

著者が麹町中の校長になって赴任した年に、不登校になっていた子どもたち全員とその保護者と面談を行ったそうです。その1人で、学校に来られず自宅に引きこもっている生徒と面談したときに著者はこう伝えたといいます。「別に学校に来なくたって大丈夫だよ。進路のことも、高校に行きたいなら、今からでも全然問題なく行けるし、心配することなんて何もない」。

その後、何度かの面談を重ねて、その生徒は家の外に出られるようになり、進路を見つけて、自らの意思で希望する学校へ進学しました。

不登校になった生徒とともに、その母親の多くは、自分を責め続けています。そして、苦しくなった思いは、夫や家族、他の誰かにも向けられます。その状態では前向きな考えはできません。まずは、人を責め、自分を責めることをやめてもらう必要があるのです。

学校の本来の目的に照らして考えれば、不登校になっていても、周囲の大人が平気な顔でいることが大切なのです。その状態を受け止めてあげて、生徒が自分の足で一歩を踏み出すのを支えてあげればよいのです。

自分ならではの解を見つける閃きポイント

著者が東京に転任して、2つ目の中学校で教員を始めたときのことです。その学校はいわゆる「教育困難校」でした。学校の校舎内の至るところにたばこの燃えかすが散乱し、私服や金髪の生徒も多く、盗みや教師への暴力もありました。教室の廊下側の窓ガラスは全て割られ、掲示板はカッターで切り刻まれ、天井は穴だらけでした。

そのような状況で、著者は生徒指導をまかせてもらうことを直訴しました。そして入学式翌日の1年生の学年集会で2つのメッセージを伝えました。1つ目のメッセージは、金髪や私服は良いが命を大切にする、人権を守る、犯罪をしない、という原則を忘れないこと。2つ目は掃除を徹底的に行って学校をピカピカにすることでした。その後、様々な事件は続きますが、その1年生が3年生になる頃には、すっかり普通の学校として落ち着きを取り戻しました。

このエピソードの中で、素晴らしいと感じたのは、**著者の状況に応じた柔軟性です。**普通の学校で掃除の徹底を伝えたとしても、おそらく校風に大きな変化はありません。しかし、教育困難校としてすさんだ環境の中で起こす変革の一歩目としては、最適だったように思います。目に見えるところから自分たちで状況を変えていくことが、とても有効だったのでしょう。

著者は状況にあった独自の道を進む優れた特性を、何度も発揮しています。名門校である麹町中学校における変革の数々も、麹町中学校だからこそより効果が上がったのかもしれません。麹町中学校は教育改革の象徴的な存在になったとはいえ、それを他の中学校にそのまま移植するのは適切ではありません。**それぞれの学校が今の課題を深く洞察した上で、麹町中学校の取り組みから学べる教訓を選び取り、実行に移していく形が望ましいでしょう。**本書の改革事例には、教育委員会にも、多くの教員の方々にも、前に進むヒントが込められているように思います。

しびれる一文と解説

新宿区教育委員会教育指導課長をしていたときに、著者は作られた制度に縛られるのではなく、変えるべきは変える、ということを言っていたそうです。そこで話された内容は次のようなことでした。

「制度そのものを作り替えるのが教育委員会の仕事だ。その際に、考えるべき優先順位は、①子どもたちのため、②保護者のため、③区民のため、④学校や教職員のため、であり、最後に、⑤教育委員会のため、が来る。」(P87〜88)

大きな方針を変えていくためには、リーダーの価値観が表現された明確な指針が必要になります。著者は確固たる信念を持っています。ぶれない信念があるので、議論を重ねても角が丸まった折衷案にならず、本質に届いた改革案を実行していけるのです。

麹町中学校の教育の目的は、**「世の中まんざらでもない！ 大人って結構素敵だ！」**ということを教えることです。その目的の下に、「自律・貢献・創造」があり、その価値観に沿った「目指すべき生徒像」も定められています。麹町中学校の取り組みは全て、この方針に沿ったものになっています。

価値観は無意識のレベルで築かれているので、言葉にすることは難しいものです。それでも、その価値観を言葉として表現してやっと、周りの人も同じ理解を共有できて、大きな取り組みを動かすことができます。**重要な指針を言葉にすることは、険しい道ではありますが、リーダーが避けては通れない王道なのです。**

これからの時代を生きる人へ

著者は自分のことを「鈍感」で人と対立することにストレスを感じることが少ない、と表現しています。しかし、生徒や保護者の心の動きに対する洞察力が優れている点から、相手の気持ちがわからないという意味での「鈍感」ではないように見えます。人と対立しても動じずに対処できる、精神力の強さを表しているようでもあります。

変革をする際には、必然的に多くの人の利害がぶつかるため、リーダーは強い反対意見にさらされます。そこで一つひとつの言葉に傷ついていては、心がもちません。感情的な言葉を受け流す鈍感さは、リーダーの武器にもなり得るものです。

著者は合意形成を図るプロセスにも原理原則を持っています。人との対立が起きたときには、上位目的を見据えて対話を図ることを大切にしています。教育方針における対立であれば、「学校が何のためにあるのか」といった上位目的に立ち返り、相手との接点を探っていくのです。

会社でも部門間や個人間の対立は起こるものです。個別の事象では利害が対立していたとしても、組織のミッションや価値観のレベルでは、お互い共通の理解があるでしょう。ミッションや価値観に照らして最善の道は何かというような、上位目的からのアプローチをとれば、相手と自分の両方が納得する答えが導けるかもしれません。誰かとぶつかったときに、一段目線を上げて議論をするという著者の姿勢は、リーダーとしての大切なあり方ではないでしょうか。

本書にはよりよい教育を実現するための、具体的な取り組みが豊富に掲載されています。著者によれば、小さな改善が積み重なれば、大きな変化となり、教育の本質的な改革が進むのだといいます。一人の読者としては、中学生時代に今の麹町中学校のような学校で学べたら、どれだけ良かっただろうと、うらやましくもなります。本書が多くの教育関係者に読まれて、生徒が入りたいと心から思える学校が増えれば、日本の教育にとって意義の大きな資産となるでしょう。

6

リベラルアーツ

複雑で多様な世界で
リベラルアーツが必要なのはなぜか?

ビジネス書グランプリ2020
リベラルアーツ部門賞

ぼくはイエローでホワイトで、ちょっとブルー

著者：ブレイディみかこ
出版社：株式会社新潮社
発売日：2019年6月20日
定価：1350円＋税
ページ数：256ページ

テーマ

多様でまだら模様の世界が一度に味わえる、複雑なイギリス社会を生きる中学生の物語。

著者情報

▼ ブレイディみかこ

保育士・ライター・コラムニスト。1965年福岡市生まれ。県立修猷館高校卒。音楽好きが高じてアルバイトと渡英を繰り返し、1996年から英国ブライトン在住。ロンドンの日系企業で数年間勤務したのち英国で保育士資格を取得、「最底辺保育所」で働きながらライター活動を開始。2017年に新潮ドキュメント賞を受章し、大宅壮一メモリアル日本ノンフィクション大賞候補となった『子どもたちの階級闘争―ブロークン・ブリテンの無料託児所から』（みすず書房）をはじめ、著書多数。

目次

グランプリを受賞した背景

「Ｙａｈｏｏ！ニュース―本屋大賞２０１９ノンフィクション本大賞」など多数の賞を受賞し、本書は世代も性別も問わず、幅広い層からファンを集めています。

舞台となる英国の白人労働者階級の世界は、「ホワイト・トラッシュ（白いくず）」と呼ばれ、広がった格差の底辺に位置付けられます。著者の子どもはカトリックの名門小学校を卒業し、貧困、人種差別、暴力と隣り合わせの中学校に通います。多くの問題が存在する一方で、音楽を中心に据えた学習という特色や、生徒の力強い生命力も感じられる場でもあります。

政府の緊縮財政のしわ寄せや、様々な社会課題が語られていく中でも、その焦点はあくまでも「人」です。著者による皮肉も込められたユーモアと、心の奥にもとどく語り口は、読者の共感を呼んでいます。

本書の舞台は英国の南端にあるブライトンですが、自分の身のまわりで起きていることに

も似ているから不思議です。不条理や矛盾に満ちた世の中で何を大切にして生きていくのかという普遍的な課題を突き付ける本書は、令和の時代のはじまりにふさわしい名作です。

この本の全体像

▼中学校入学

ブライトンに住む3人家族。著者の夫は世界の金融の中心地の一つ、シティの銀行で働いていました。その後リストラにあい、同業への転職ではなく大型ダンプの運転手になるという思い切ったことをする人です。そして物語の中心は11才の息子です。地元の小学校ではなく、市のランキングでトップを走っているカトリックの名門小学校に通っていました。森の中に建てられた煉瓦の校舎というたたずまいで、1学年に1クラスしかない少人数制の教育が行われていました。

ところが、彼はカトリックの中学校に入学しないで、**「元底辺中学校」**に入学したのです。（元と付けているのは、最近成績が中位にまで改善したからです）。レイシズムも喧嘩も、ケバいお姉ちゃんもいる、殺伐とした英国社会を反映するリアルな学校でした。

▼ぼくはイエローでホワイトで、ちょっとブルー

なぜ彼はその中学を選んだのでしょうか。少しさかのぼり、中学校の見学会のことでした。入学する中学校の説明会では、学校が誇る音楽部の演奏がありました。ギター、ベース、ドラム、ブラス隊、ウクレレといった様々な楽器による演奏で、上手いのか下手なのかわからないけれども、勢いのあるものでした。みんなバラバラなのに一丸となっていて、サウンドはよくまとまっていました。演奏後、音楽室を見に行くと、廊下の壁面に名だたるブリティッシュ・ロックの名盤アルバムのジャケットがずらりと並んでいました。**「中学校の廊下にセックス・ピストルズかよ」**というつっこみも聞こえてきそうです。

カトリックの名門中学校に行くことができるにもかかわらず、仲の良いクラスメートが入学することもあって、息子はその元底辺中学校に「入学したい」と言い出します。東洋人の血を引く息子は、ほとんどが白人のその学校では差別的な扱いをされるだろう、という父親の心配を押し切って。

両親の心配をよそに、息子は元底辺中学に入学すると最初から友人をたくさんつくり、音楽部をはじめとして複数のクラブにも所属します。順調なすべり出しに安心していた、そん

なある朝、宿題のノートの忘れ物を息子の机で発見します。よく見てみるとブルーという言葉の意味合いについて、先生から赤ペンで添削が入っていました。息子はブルーを怒りだと思っていたらしいのですが、悲しみや気持ちがふさぎ込んでいることを指すということを学んだようです。そのノートをよく見てみると、右上の隅に息を潜めているような筆跡で書かれた落書きが目に入ります。

「ぼくはイエローでホワイトで、ちょっとブルー」。

▼ アラジン

入学前にオーディションの準備という宿題が課されました。ミュージカル『アラジン』のオーディションがあるらしいのです。宿題をやらないと気が済まない息子は、ウエストエンドのミュージカルの動画を何度も繰り返し真剣に見て準備をしていました。そして息子は、そのオーディションで、見事ジーニー役を勝ち取ります。

元底辺中学校が11月に上演する『アラジン』は7年生（日本の中学1年生）のみが出演します。主役のアラジン役を射止めたのはダニエル。ハンガリー移民の両親を持つ、黒髪と薄茶色の瞳のすらりとした美少年です。しばらくして、息子はダニエルのことを「彼はレイシストだ！」と怒っていました。黒人の少女がなかなか振り付けを覚えられないのを見て、「ブラックのくせにダンスが下手なジャングルのモンキー。バナナをやったら踊るかも」と言ったのだそうです。今どきジャングルやモンキーを結び付けるのは時代錯誤ですが、そんなときは周りにそう言っている大人がいるものです。

チケットが発売開始1週間で完売するほどに、ミュージカルは人気があるようです。練習を重ね、いよいよ本番を迎えます。ただ、主役のダニエルが変声期に入り、声が出なくなってしまったというのです。舞台の裏で息子が歌ってダニエルが口パクをするという提案に先生は同意したものの、ダニエルは春巻きをのどに詰まらせたような東洋人の声で歌われるのは嫌だ、と断ります。

舞台はアラジンとジャスミンが2人でじゅうたんに乗って歌う見せ場のシーンになりました。ダニエルは1オクターブ低い音で歌っているため、オーケストラの音にかき消されてしまって、ジャスミンのところにも声が聞こえません。その時、「ア・ホール・ニュー・ワールド」を誰かが大きな声で歌う声がします。息子の声です。ダニエルはそれに合わせて口パクをしていました。
2日間の公演初日の帰り際、ダニエルは息子に「サンクス」と言ったそうです。息子が着替えていたら、携帯電話番号まで聞かれたといいます。そして息子は著者に言うのです。

「ダニエルと僕は、最大のエネミーになるか、親友になるかのどちらかだと思う。得意なことが似ているからね」

▼ヴェリー・イエロー

息子が入学して2年目に中国人系の生徒会長が選ばれました。筋肉隆々で長身のジャッキー・チェンかと思うような体格の持ち主です。どうやら同じ東洋人（オリエンタル）系だから息子を気にかけてくれているようです。生徒会長は成績がよく、スポーツもでき、正義感も強くて、先生たちからも信頼されています。

ある日、黄色いベストを着て自転車に乗った生徒会長が、実家のチャイニーズ・テイクアウェイの配達を手伝っていました。クリスマス・コンサートのリハーサルで遅くなった息子たちを心配して、声をかけていたその時、帰宅途中の上級生2人が近づいてきました。2人は黄色いベストを着た生徒会長をからかい、振り向きざまに言いました。

「よくお似合い。なんていうかこう、ヴェリー・イエロー」

生徒会長はガタンと自転車を倒し、その「ヴェリー・イエロー」と言った少年を追いかけていきました。回し蹴りを入れたと思ったその瞬間、ピタリと動作を止めました。しかし、相手の少年はびっくりしてしまい、よけようとした際に足をくじいてしまいました。けがをした子の親が学校に抗議をしたことから、暴力未遂事件として、学校で問題となってしまいました。生徒会長による暴力の前に、人種差別発言があったことから、双方が謝罪することで落ち着きました。

そのあと数日間、息子は学校から帰ると頭がいたいと部屋に閉じこもりがちになりました。著者に、自分は東洋人としても英国人としても受け入れられない、という悩みを打ち明けました。日本に行けば「ガイジン」と言われ、ブライトンでは「チンク」と言われるのだと。そんな息子に対して、著者は違う人種の両親から生まれた子は、みんな同じようなことを考えているのだろう、と伝えました。その晩、息子の熱は少し上がり、朝には下がっていました。

坂の上からくる友人と合流して、楽しそうに喋りながら学校に歩いていきました。明けない夜がないように、引かない知恵熱もない様子で。

自分ならではの解を見つける閃きポイント

本書では、人種差別や貧困などの根が深い問題について、日本人とアイルランド系英国人のハーフの子どもが体験する日常が母親の視点で描かれています。社会的な矛盾が大きくなってきているためか、英国の中学校ではシティズンシップ・エデュケーションが導入されています。その目的は、デモクラシーと政府、法の制定と遵守への生徒たちの理解を育むものとされています。根拠ある主張を行うためのスキルと知識を授ける授業となっているようです。

シティズンシップ・エデュケーションの授業を言い換えると、「自分はこう思う」のであれば、「なぜそう思うのか」の説明責任を果たす能力を磨くための授業です。理由を明確に語る構造的なコミュニケーションが得意な人もいますし、苦手な人もいます。身のまわりでも、なぜそう思うのかと理由を尋ねると怒る人もいますが、どちらかというと説明責任を果たすことが苦手な人なのかもしれません。

　シティズンシップ・エデュケーションの授業の中で、著者の息子は「エンパシーとは何か」ということを議論しています。私自身も理解を再確認するため、エンパシーの意味を辞書で確認してみました。

「the ability to understand other people's feelings and problems」

　よくエンパシーと対になって議論されるシンパシーは、次のように記されています。

「the feeling of being sorry for someone who is in a bad situation」

「a feeling that you understand someone because you are similar to them」

　シンパシーは相手の状況への共感であるのに対して、エンパシーは相手の感情や問題を理解する能力になります。これは一人の大人として生きていく上でも、もちろんキャリアの中でもとても重要なことだと言えるでしょう。**多くの衝突の理由は、双方の相手の状況に対する想像力の欠如にあるからです。**

その大切なテーマに向き合った息子は、エンパシーの解釈として、「自分で誰かの靴を履いてみること」だと言いました。

これを小学校を卒業して間もない子どもが言うのですから驚きです。ここまで的確な表現が思い浮かぶ人は、大人でもあまりいない気がします。ＥＵ離脱、格差、テロリズム、環境問題といった世界的な課題を解決しようとするならば、高度なエンパシーが求められることでしょう。皆さんが所属する会社や家族を見渡せば、エンパシーが求められる問題が多いはずです。

相手を直接的に変えることはできません。**相手を変えようとせずに、自分のエンパシーを磨き、発信する内容を相手に合わせて変えていくことで、上手く連携することができたり、少しずつ周りの人にいい影響を与えたりすることができれば、それは素晴らしいことと言えるでしょう。**

しびれる一文と解説

息子の学校では、制服のリサイクル活動があって、修理した制服を50円や100円で売っているのだそうです。著者はリサイクルのために制服をミシンで直していました。息子は、貧困に困っている友人であるティムの制服の肘が薄くなってしまい、お兄さんのお下がりを着てみてもサイズが合っていないことを友人達にからかわれているのを気にしていました。そこで、リサイクルの制服をティムにあげようとするのです。

ティムを自宅に呼び、その帰りがけにリサイクルの制服を渡すと、なんで自分にくれるのか、とティムがたずねました。著者がその目に胸を射抜かれたような気分で所在なく立っていると、息子がティムに言いました。

――「「友だちだから。君は僕の友だちだからだよ」」(P113)――

原文が想像できるようなシンプルな文章ですが、とても力強い言葉ですね。貧しくて制服を新調できないと思ったからでもありますし、友人だからでもある、という両面があったのでしょう。ただ、この状況のように、本当の理由を詳しく説明する必要のない場面はあるものです。

この場面では、相手の状況を想像する息子のエンパシーが力強く発揮されていることがわかります。センシティブなことを扱うときには、機転の利いた答えをしてみたいものです。

これからの時代を生きる人へ

民主主義や自由主義と言われる考え方が世界を支配するようになって、もう100年は過ぎたでしょうか。大規模な戦争が徐々に起こらなくなる中でも、格差の拡大や移民といった解決すべき課題に対して、国の中でそれぞれの人の利益や立場の間にほころびが生じています。そのため、貧富の差や政治思想などが異なる人の間で分断が目立つようになってきました。

民主主義は、独裁政治とは違って多くのことがらを多数決で決めていきます。そのため、国家の運営の質は国民の平均的な教養や理解度にゆだねられると言われています。会社に目を転じたとしても同様です。組織のあり方に影響を大きく与えるのは、リーダーだけではなく、その構成要素となる一人ひとりのメンバーの理解度です。特に相手をリスペクトして、「多様性を理解する」能力は重要です。

「多様性を理解する」ことが大事と言われても、とても難しいことのように思えます。**ただ、その本質はまさに「自分で誰かの靴を履いてみること」ではないでしょうか。**自分側の視点で相手をぼんやりと想像するのではなく、相手の立場になりきって考えることができれば、多様性の理解に一歩近づけるように思います。

ここまで、印象に残ったシーンを中心に紹介してきましたが、本書の最大の魅力は、著者の歯切れがよく、生き生きとした筆致にあります。物語の魅力に引き込まれているうちに、自然と「多様性の理解」の大切さも実感させてくれる一冊です。やわらかなノンフィクションの傑作に皆さんもぜひ触れてみて下さい。

第6章 リベラルアーツ

複雑で多様な世界でリベラルアーツが必要なのはなぜか?

ビジネス書グランプリ2019
リベラルアーツ部門賞

ホモ・デウス（上・下）
―テクノロジーとサピエンスの未来《みらい》

著者・訳者：ユヴァル・ノア・ハラリ著、柴田 裕之訳
出版社：株式会社河出書房新社
発売日：2018年9月30日（上巻・下巻）
定価：1900円＋税（上巻・下巻）
ページ数：272ページ（上巻）
288ページ（下巻）

テーマ

データとアルゴリズムが支配する時代に、人類はどこへ向かうのか？

著者・訳者情報

▼ユヴァル・ノア・ハラリ

1976年生まれのイスラエル人歴史学者。オックスフォード大学で中世史、軍事史を専攻して博士号を取得し、現在、エルサレムのヘブライ大学で歴史学を教えている。オンライン上の無料講義も行ない、多くの受講者を獲得している。著書『サピエンス全史』(河出書房新社)は世界的なベストセラーとなった。

▼柴田裕之(しばた やすし)

翻訳家。早稲田大学、Earlham College卒業。訳書に、ドゥ・ヴァール『道徳性の起源』、リドレー『繁栄』(共訳)、コスリン／ミラー『上脳・下脳』、リフキン『限界費用ゼロ社会』、ファンク『地球を「売り物」にする人たち』、ハラリ『サピエンス全史(上下)』、ドゥ・ヴァール『動物の賢さがわかるほど人間は賢いのか』、デケイロス『サルは大西洋を渡った』(共訳)、クチャルスキー『完全無欠の賭け』、カシオポ／パトリック『孤独の科学』、ガザニガ『人間とはなにか』など。

目次

グランプリを受賞した背景

『サピエンス全史』でその名を世界にとどろかせた、現代の知の巨人ユヴァル・ノア・ハラリ。その書では地球そのものの歴史を変えた分岐点として、**「認知革命」「農業革命」「科学革命」**を取り上げました。3つの革命を経て、人類は地球上のヒエラルキーの頂点に君臨し続けることになったといいます。その慧眼に世界で多くの人が感銘を受けたのではないかと思います。

『サピエンス全史』が人類の今までに焦点をあわせていたのに対して、本作『ホモ・デウス』は人類のこれからを指し示しています。未来予測の本は多くありますが、その大胆とも言えるスケールと論理展開の緻密性において、他の作品とは一線を画すと言っても過言ではありません。

科学を手に入れた人類は、これからどのような存在になっていくのでしょうか。『ホモ・デウス』というタイトルに込められた著者の深遠な意図を探っていきましょう。

この本の全体像

人類は何千年にもわたって3つの問題に苦しめられてきました。「飢饉」「疫病」「戦争」は人類が対処すべきことのリストの上位を占め続けてきたのです。人の力だけで解決することができなかったことから、神や天使や聖人に祈り、無数の社会制度を考案してきました。それにもかかわらず、人類の歴史においてその3つで命を落とす人は膨大な数であり続けてきました。

生命維持ラインぎりぎりで暮らしてきた多くの人にとって、干ばつや豪雨等で起こる食料不足は餓死に直結しました。世界中で「黒死病」「天然痘」「スペイン風邪」は猛威を振るい、人口の多くが死に見舞われました。古代の農耕社会においては、死因の約15パーセントが暴力による死だったと言われています。内戦や国家間の戦争も多く発生しました。

21世紀初期の今、人類はその3つの災難を克服しつつあります。食べ物が不足して死ぬ人よりも食べ過ぎで死ぬ人が多く、感染症よりも老衰による死者数が多く、兵士やテロリストに殺害される人よりも自殺による死者が多くなっています。もちろん全て解決している状態ではありません。それでも、それらによる死者数という絶対値で見れば、過去と比べて社会が大きく進展していると言えます。

その3つの災難を克服しつつある人類は、人間を神にアップデートして、ホモ・サピエンスを「ホモ・デウス（デウスは神の意）」に変えることを目指していくのです。ハラリによると神を目指す人類は、「不死」「至福」「神性の獲得」を探求していくといいます。それぞれについて、中身を見ていきましょう。

▼ 不死

過去、人類は生命そのものを神聖視せず、生と死は対をなすものと考えてきました。ところが近年では、なんらかの技術的問題によって死がもたらされると考えるようになってきています。遺伝子の変異により癌が広がることもありますし、脂肪性沈着物によって、大動脈が詰まり、心臓病を患うこともあります。一方で技術の進展により、死を克服しつつある私たちは、病原菌を抗生物質で根絶できますし、心臓が血液を押し出さなくなったら、薬や電気ショックで動きを取り戻すことや、場合によっては新しい心臓を移植することさえできます。

死が技術的な課題になり、不死に近づいた人は、危険を冒すことに対して今よりもずっと臆病になるかもしれません。海で泳ぐことや、車が通る道を横切って外食するようなことに慎重になっていくでしょう。人の寿命が150年になるころには、政治家もずっと長生きします。プーチンがあと90年生きるかもしれません。2016年時点で138歳のスターリンが君臨していることを想像してみて下さい。きっと世の中は今とずっと違った形になっていたはずです。科学界の主流と今の資本主義経済は、そのような不死あるいは超長寿への挑戦を応援します。どれだけのお金がかかろうとも、必要な額を払う人は大勢いることでしょう。

▼至福

人類が不死に近づいたとしても、永遠に悲惨な状態で生きることに意味があるのでしょうか。現代の思想家は、幸福を集団的プロジェクトとみなしています。平和や繁栄は、神の栄光を増すためではなく、**「集団としての」**国民が幸福な生活を楽しむためにあると考えてきました。ところが、過去数十年の間に状況は変化しました。国家を形作る巨大な制度も、**「個々の」**国民の幸福のために存在すると考えられるようになっているのです。GDPの増大を追いかければ幸福度が増すという考えにも疑問が投げかけられています。1950年代と1990年代の日本を比較すると、GDPは約5倍になっているのに対して、日本人の主観的幸福度には驚くほどわずかな影響しか出なかったのです。

人は苦痛から逃れるために薬物を使ってきましたが、快感や快楽の追求にも使われていく可能性があります。さらには脳の適切な箇所に電気的な刺激を与えることや、遺伝子操作すらも行うかもしれません。21世紀の2番目の大プロジェクトには、永続的な快楽を楽しめるようにホモ・サピエンスを作り直す道が必然ともいえるのです。

▼ 神性の獲得

人間は不死と至福を追い求めることで、私たちの体を意のままに作り変え、臓器や情動や知能を操作できるようになっていきます。生物工学、サイボーグ工学、非有機的な生き物を生み出す工学を駆使した先に、人類は神性を獲得していくことを追求します。不死と至福から勢いを得て、人は創造と破壊を行う神のような力を獲得し、自らをホモ・デウスへとアップデートするのです。

ハラリはそのような革新にともなって、人類を導く思想も現代の**「人間至上主義」**から**「テクノ人間至上主義」「データ教」**へ移り変わることを予測します。ここに本書が導く、壮大な構想が込められています。

▼人間至上主義

神は死んだと哲学者のニーチェは言いました。現代の人は神の代わりに自分自身の内なる声を、はるかに強く信じています。神が存在しない世界において、人間至上主義が今までの宗教の役割を代替しました。人間至上主義では、自分の人生の意味や森羅万象の意味でさえも、人間の内なる経験が引き出すと考えられています。しかし、今の主流とも言えるこの人間至上主義は、人が神性を獲得したときに、言い換えれば人間の経験すらもスーパーマーケットに並ぶ商品と変わらなくなったときに、どう変わっていくのでしょうか。

▼テクノ人間至上主義

人間至上主義が人の内なる声に耳を傾けることを重視したことに対して、テクノ人間至上主義ではその声ですら制御することを望みます。現在においても、適切な化学物質の適量の服用により、幸福を増進し、内なる悲鳴を抑制することは可能です。そして、数十年のうちに脳科学が進歩することにより、私たちは自身の内なる声すらも簡単かつ正確に制御できるようになるでしょう。

しかしながら、テクノ人間至上主義にはどうにもならないジレンマがあります。人間の意志を最も重要なものと考えているにもかかわらず、その意思を制御し、デザインすることすらもできるテクノロジーを開発していくのです。そのときには、神聖な人間もまた、デザイン的な商品になってしまいます。この矛盾を解消する考え方が果たしてあるのでしょうか。その候補が本書で最後に紹介される思想となるデータ教です。

▼データ教

生命科学の進展による生物を生化学的アルゴリズムと考える流れと、コンピュータ科学による電子工学的アルゴリズムの進化の流れを統合して、データ教（データ至上主義）は現れます。これら2つのアルゴリズムは、数学的法則により統合される特性を持っています。

データ教では、情報の流れにこそ至高の価値が存在します。人間は「すべてのモノのインターネット」を創造するための道具となります。自動車は連絡を取り合い、密林の木々は天気や二酸化炭素濃度を報告するデータフローの役割を担います。データの流れを妨げることは最大の罪と考えられます。人間は自らを神聖なものとして考えてきましたが、データ教においては、人間を含めた生き物はアルゴリズムに過ぎないと考えます。

人が考えをめぐらせても答えが出ないような難問に対しても、正しい決定がアルゴリズムにゆだねられます。初めは人が作り出したアルゴリズムですが、いずれ全体を理解できる人は誰もいなくなるでしょう。データ教が世界を征服すると、たしかに初めは人間の不死と至福と神性の獲得への力になるでしょう。しかしながら、人がデータとアルゴリズムに従うだけの存在になったとき、ホモ・サピエンスが他のすべての動物にしてきたことを、今度はされる側になるかもしれません。私たちが森羅万象の頂点ではないことを思い知らされ、マンモスやヨウスコウカワイルカと同じ運命をたどるのです。振り返ってみれば、「人類」は広大無辺なデータフローの中の小波にすぎなかったということに気付くのです。

自分ならではの解を見つける閃きポイント

『サピエンス全史』では、3つの革命により人が生物界の頂点にたって、大型動物すらも家畜化してきた流れが語られてきました。そして『ホモ・デウス』により、人間至上主義からデータ至上主義に思想がアップデートされることにより、人間の絶対的優位性が崩れ、人すらも家畜のように扱われていく、という形で完結します。このフィクションだと思いたい恐ろしい自己矛盾にこそ、本書の美しい論理性が内在しているように感じられます。

20世紀は思想の衝突が多く見られました。優位性をもつ種族が人類を発展に導き、劣位の種は絶滅もやむをえないと考える、進化論的な人間至上主義は、ヒトラーなどの独裁者に導かれ第二次世界大戦という20世紀最大の悲劇に至りました。また、情報を分散して処理する自由主義と、集権化を進め一部のエリートが国家を統制する社会主義のどちらに優位性があるのかは、第二次世界大戦をへて冷戦が終結するまで競争が続いて、自由主義が勝利したことは誰もが知るところです。

さて、我々はこの先どこに向かっていくのでしょうか。テクノ人間至上主義をいき過ぎた主義と言うのは簡単かもしれませんが、人間至上主義との境目を見つけるのは困難です。人は気分転換にエタノールを摂取するという目的でアルコール飲料を飲みます。睡眠不全におちいれば、睡眠導入剤を飲みます。朝の寝ぼけた脳を活性化する目的で、コーヒーを通じてカフェインを摂取しているかもしれません。化学物質を生活に活かしているのですから、科学の進展にともなって我々はもうテクノ人間至上主義に片足を踏み入れているのです。

その先は、我々の幸福や遺伝子すらも扱うようになっていくのでしょうか。それとも人類の欲望にはどこかで歯止めがかかるのでしょうか。**自由主義国家や一部の独裁国家はそれら**

を本当に制御できるのでしょうか。本書の問いかけには答えがないだけに、我々の心にずしりと重く大切なものを投げかけているといえるでしょう。

しびれる一文と解説

ＡＩが農作物や製品をつくるようになると、労働をする必要がなくなった無用の大衆が発生するかもしれません。ただ、その人たちは何をして長い人生を過ごすのでしょうか。もしかしたら、「薬物」と「コンピューターゲーム」が一つの答えであるかもしれないとハラリは言います。そして、次のような強烈な問いを投げかけます。

「とはいえ、そのような展開は、人間の人生と経験は神聖であるという自由主義の信念に致命的な一撃を見舞うことになる。夢の国で人工的な経験を貪って日々を送る無用の怠け者たちの、どこがそれほど神聖だというのか？」（下巻Ｐ１５９）

人類の不死と至福と神性の獲得の先の世界が、薬物とコンピューターゲームで過ごす生活とは、なんという皮肉なことでしょうか。映画『マトリックス』では、人類がＡＩにエネルギー源として家畜のように飼われている状態が描かれています。映画を見た人は、『マトリックス』の世界では人類がＡＩにより作り出された夢の中で幸せに暮らしていたことを思い出すでしょう。そのディストピアが現実になるかもしれないという、恐ろしい未来が待ち受けているのかもしれません。

現代のＡＩでは、人間の脳を代替するような強いＡＩの実現はしばらく先のことだと言われています。ほとんどのＡＩは人の脳ができる一部の機能だけを代替し、高度化しているいわゆる弱いＡＩであり、データ処理の最適化ツールとしての存在を超えられていません。そのため、ＡＩに代替されない職種が多く残ると信じられていて、創造性や人間性を軸にしたキャリア形成や生き方をうながす傾向があるようです。

様々な説がある中ではありますが、私も数十年のうちに人間の脳が完全に代替されるような未来には届かないように考えています。しかしながら、現役世代には人の優位性が活かせる職業がずっと残ると考えるのは早計です。生命科学の進化により、脳や体の維持ひいてはそれらのリニューアルが可能になった日には、人の寿命が倍になる未来は起こりえるでしょう。その時、例えば50年後にデータとアルゴリズムの組み合わせが人類の脳の大部分を凌駕する可能性はないとは言い切れません。

作曲家には、自分が作る音楽は今まで聴いた旋律を頭の中で復元しているだけだと言った人もいます。新しいビジネスやイノベーションの多くは、既存のビジネスモデルやテクノロジーの組み合わせに過ぎません。創造的な活動も既存の知の組み合わせで、様々な案をランダムに作った上で、高度なシミュレーションで最適なものが選び出せるようになるかもしれません。そうすると、人類の最後の砦と思われる領域すらもアルゴリズムに代替される日が来るのかもしれないのです。

そのような世界において、私たちは何をしていくのでしょうか。科学の進化は人を幸せにするとは限らないのです。この絶望に向き合うことがこれからの人類を導く第一歩になることでしょう。

これからの時代を生きる人へ

壮大なディストピアを描く本書は、最後に3つの問いを投げかけています。

「1　生き物は本当にアルゴリズムにすぎないのか？　そして、生命は本当にデータ処理にすぎないのか？

2　知能と意識のどちらのほうが価値があるのか？
3　意識は持たないものの高度な知能を備えたアルゴリズムが、私たちが自分自身を知るよりもよく私たちのことを知るようになったとき、社会や政治や日常生活はどうなるのか？」（下巻P２４６）

著者のユヴァル・ノア・ハラリは、この本で書かれた世界観をそのまま実現されるような未来は望んでいないようです。過去、マルクスは『資本論』等の著作において、資本主義の本質にせまり、資本家階級のブルジョアジーと労働者階級のプロレタリアート間の闘争を示しました。そして必然として共産主義に至るとかたりました。しかし、マルクスの予見した通りには世界は導かれませんでした。それは、資本主義国家をつかさどる人たちにも、マルクスの本が届いたからだといいます。つまり、資本主義の国々もマルクスの理論を学び、国家の運営を少しずつ調整していくことができたのです。

私たちはこの恐ろしくも鋭い未来予測の書『ホモ・デウス』を読んだ上で、将来を描きなおすことができます。ハラリが投げかける問いに対する答えは、すぐには出ないかもしれません。それでもこの作品を読み、人類の未来を描きなおす人が現れるかもしれません。ハラリは心の中で、もっと**「人類」**が、そして人の**「意識」**や**「心の声」**が尊重されるような未来を望んでいるのではないでしょうか。

『ホモ・デウス』は『サピエンス全史』と合わせて読むことで、その壮大なストーリーが完結します。どちらも上下巻の構成にはなっているものの、決して冗長ではなく、強いストーリーラインと知的な面白さに導かれるままに、読み切ってしまう本でもあります。現代を代表する教養の書とも言える本作に、ぜひとも挑戦していただき、ハラリの予測を打ち破る人が増えることを願っています。そして、それこそがハラリが本当に望んでいることではないでしょうか。

ビジネス書グランプリ(総合)

1位 『イーロン・マスク 未来を創る男』アシュリー・バンス、斎藤栄一郎(訳)/講談社

2位 『21世紀の資本』トマ・ピケティ、山形浩生(訳)、守岡桜(訳)、森本正史(訳)/みすず書房

3位 『HARD THINGS』ベン・ホロウィッツ、高橋信夫(訳)、小澤隆生(序文)、滑川海彦(訳)/日経BP

4位 『ワーク・ルールズ!』ラズロ・ボック、鬼澤忍(訳)、矢羽野薫(訳)/東洋経済新報社

5位 『世界はシステムで動く いま起きていることの本質をつかむ考え方』ドネラ・H・メドウズ、林廣淳子(訳)/英治出版

6位 『シンプルに考える』森川亮/ダイヤモンド社

7位 『ALLIANCE アライアンス 人と企業が信頼で結ばれる新しい雇用』リード・ホフマン、ベン・カスノーカ、クリス・イェ、篠田真貴子(監訳)、倉田幸信(訳)/ダイヤモンド社

8位 『未来に先回りする思考法』佐藤航陽/ディスカヴァー・トゥエンティワン

9位 『新・観光立国論』デービッド・アトキンソン/東洋経済新報社

10位 『マクドナルド失敗の本質 賞味期限切れのビジネスモデル』小川孔輔/東洋経済新報社

部門賞 イノベーション(革新)

1位 『イーロン・マスク 未来を創る男』アシュリー・バンス、斎藤栄一郎(訳)/講談社

2位 『HARD THINGS』ベン・ホロウィッツ、高橋信夫(訳)、小澤隆生(序文)、滑川海彦(訳)/日経BP

3位 『ジョナサン・アイブ 偉大な製品を生み出す、アップルの天才デザイナー』リーアンダー・ケイニー、林信行(日本語版序文)、関美和(訳)/日経BP

4位 『インダストリー4.0』岩本晃一/日刊工業新聞社

5位 『我が闘争』堀江貴文/幻冬舎

部門賞 ソーシャルサイエンス(社会科学)

1位 『21世紀の資本』トマ・ピケティ、山形浩生(訳)、守岡桜(訳)、森本正史(訳)/みすず書房

2位 『世界はシステムで動く いま起きていることの本質をつかむ考え方』ドネラ・H・メドウズ、林廣淳子(訳)/英治出版

3位 『新・観光立国論』デービッド・アトキンソン/東洋経済新報社

4位 『人の心は読めるか? 本音と誤解の心理学』ニコラス・エプリー、波多野理彩子(訳)/早川書房

5位 『いつも「時間がない」あなたに 欠乏の行動経済学』センディル・ムッライナタン、エルダー・シャフィール、大田直子(訳)/早川書房

部門賞 マネジメント（経営）

1位 『ワーク・ルールズ！』ラズロ・ボック、鬼澤忍（訳）、矢羽野薫（訳）／東洋経済新報社

2位 『シンプルに考える』森川亮／ダイヤモンド社

3位 『ALLIANCE アライアンス 人と企業が信頼で結ばれる新しい雇用』
リード・ホフマン、ベン・カスノーカ、クリス・イェ、篠田真貴子（監訳）、倉田幸信（訳）／
ダイヤモンド社

4位 『競争しない競争戦略 消耗戦から脱する3つの選択』山田英夫／日本経済新聞出版社

5位 『マクドナルド失敗の本質 賞味期限切れのビジネスモデル』小川孔輔／東洋経済新報社

部門賞 ビジネススキル（仕事術）

1位 『0ベース思考 どんな難問もシンプルに解決できる』
スティーヴン・レヴィット、スティーヴン・ダブナー、櫻井祐子（訳）／ダイヤモンド社

2位 『21世紀のビジネスにデザイン思考が必要な理由』
佐宗邦威／クロスメディア・パブリッシング

3位 『未来に先回りする思考法』佐藤航陽／ディスカヴァー・トゥエンティワン

4位 『本質思考 MIT式課題設定＆問題解決』平井孝志／東洋経済新報社

5位 『マッキンゼーのエリートはノートに何を書いているのか トップコンサルタントの考える技術・書く技術』
大嶋祥誉／SBクリエイティブ

総合グランプリ

1位	『ライフ・シフト 100年時代の人生戦略』 リンダ・グラットン、アンドリュー・スコット、池村千秋（訳）／東洋経済新報社
2位	『<インターネット>の次に来るもの 未来を決める12の法則』 ケヴィン・ケリー、服部桂（訳）／NHK出版
3位	『サピエンス全史(上下)』ユヴァル・ノア・ハラリ、柴田裕之（訳）／河出書房新社
4位	『やり抜く力 GRIT』アンジェラ・ダックワース、神崎朗子（訳）／ダイヤモンド社
5位	『ザ・会社改造 340人からグローバル1万人企業へ』三枝匡／日本経済新聞出版社
6位	『USJを劇的に変えた、たった1つの考え方 成功を引き寄せるマーケティング入門』 森岡毅／KADOKAWA
7位	『誰が音楽をタダにした？ 巨大産業をぶっ潰した男たち』 スティーブン・ウィット、関美和／早川書房
8位	『これからのマネージャーの教科書』 グロービス経営大学院、田久保善彦（監修）／東洋経済新報社
9位	『バブル 日本迷走の原点』永野健二／新潮社
10位	『いま世界の哲学者が考えていること』岡本裕一朗／ダイヤモンド社

部門賞 イノベーション

1位	『<インターネット>の次に来るもの 未来を決める12の法則』 ケヴィン・ケリー、服部桂（訳）／NHK出版
2位	『ロケット・ササキ ジョブズが憧れた伝説のエンジニア・佐々木正』大西康之／新潮社
3位	『ビジネス・フォー・パンクス』ジェームズ・ワット、楠木建（解説）、高取芳彦（訳）／日経BP
4位	『ゲノム編集とは何か「DNAのメス」クリスパーの衝撃』小林雅一／講談社
5位	『機会発見 生活者起点で市場をつくる』岩嵜博論／英治出版

部門賞 マネジメント

1位	『USJを劇的に変えた、たった1つの考え方 成功を引き寄せるマーケティング入門』 森岡毅／KADOKAWA
2位	『ザ・会社改造 340人からグローバル1万人企業へ』三枝匡／日本経済新聞出版社
3位	『生産性 マッキンゼーが組織と人材に求め続けるもの』伊賀泰代／ダイヤモンド社
4位	『これからのマネージャーの教科書』 グロービス経営大学院、田久保善彦（監修）／東洋経済新報社
5位	『SUPER BOSS (スーパーボス) 突出した人を見つけて育てる最強指導者の戦略』 シドニー・フィンケルシュタイン／日経BP

部門賞 政治・経済

1位 『ライフ・シフト 100年時代の人生戦略』
リンダ・グラットン、アンドリュー・スコット、池村千秋（訳）／東洋経済新報社

2位 『誰が音楽をタダにした？ 巨大産業をぶっ潰した男たち』
スティーブン・ウィット、関美和（訳）／早川書房

3位 『バブル 日本迷走の原点』永野健二／新潮社

4位 『21世紀の不平等』
アンソニー・B・アトキンソン、山形浩生（訳）、森本正史（訳）／東洋経済新報社

5位 『人口と日本経済 長寿、イノベーション、経済成長』吉川洋／中央公論新社

部門賞 ビジネススキル

1位 『やり抜く力 GRIT』アンジュラ・ダックワース、神崎朗子（訳）／ダイヤモンド社

2位 『サーチ・インサイド・ユアセルフ 仕事と人生を飛躍させるグーグルのマインドフルネス実践法』
チャディー・メン・タン、柴田裕之（訳）、一般社団法人マインドフルリーダーシップインスティテュート（監修）／英治出版

3位 『TED TALKS スーパープレゼンを学ぶTED公式ガイド』
クリス・アンダーソン、関美和（訳）／日経BP

4位 『最強の働き方』ムーギー・キム／東洋経済新報社

5位 『本音で生きる 一秒も後悔しない強い生き方』堀江貴文／SBクリエイティブ

部門賞 リベラルアーツ

1位 『サピエンス全史（上下）』ユヴァル・ノア・ハラリ、柴田裕之（訳）／河出書房新社

2位 『いま世界の哲学者が考えていること』岡本裕一朗／ダイヤモンド社

3位 『最後の秘境 東京藝大 天才たちのカオスな日常』二宮敦人／新潮社

4位 『科学の発見』スティーヴン ワインバーグ、赤根洋子（訳）、大栗博司（解説）／文藝春秋

5位 『教養としての認知科学』鈴木宏昭／東京大学出版会

ビジネス書グランプリ2018受賞一覧

総合グランプリ

1位 『革命のファンファーレ 現代のお金と広告』西野亮廣／幻冬舎

2位 『スタンフォード式 最高の睡眠』西野精治／サンマーク出版

3位 『SHOE DOG 靴にすべてを。』フィル・ナイト、大田黒奉之（訳）／東洋経済新報社

4位 『お金2.0 新しい経済のルールと生き方』佐藤航陽／幻冬舎

5位 『アイデア大全 創造力とブレイクスルーを生み出す42のツール』読書猿／フォレスト出版

6位 『多動力』堀江貴文／幻冬舎

7位 『HIGH OUTPUT MANAGEMENT』
アンドリュー・S・グローブ、ベン・ホロウィッツ（序文）、小林薫（訳）／日経BP

8位 『結果を出すリーダーほど動かない』山北陽平／フォレスト出版

9位 『図解 モチベーション大百科』池田貴将／サンクチュアリ出版

10位 『未来の年表 人口減少日本でこれから起きること』河合雅司／講談社

部門賞 イノベーション

1位 『革命のファンファーレ 現代のお金と広告』西野亮廣／幻冬舎

2位 『SHOE DOG 靴にすべてを。』フィル・ナイト、大田黒奉之（訳）／東洋経済新報社

3位 『ジョブ理論 イノベーションを予測可能にする消費のメカニズム』
クレイトン・M・クリステンセン、タディ・ホール、カレン・ディロン、デイビッド・S・ダンカン、依田光江（訳）／ハーパーコリンズ・ジャパン

4位 『人生の勝算』前田裕二／幻冬舎

5位 『伝えることから始めよう』高田明／東洋経済新報社

部門賞 マネジメント

1位 『HIGH OUTPUT MANAGEMENT』
アンドリュー・S・グローブ、ベン・ホロウィッツ（序文）、小林薫（訳）／日経BP

2位 『結果を出すリーダーほど動かない』山北陽平／フォレスト出版

3位 『虹色のチョーク 働く幸せを実現した町工場の奇跡』小松成美／幻冬舎

4位 『フィードバック入門 耳の痛いことを伝えて部下と職場を立て直す技術』中原淳／PHP研究所

5位 『キングダム 最強のチームと自分をつくる』伊藤羊一／かんき出版

部門賞 政治・経済

1位 『未来の年表 人口減少日本でこれから起きること』河合雅司／講談社

2位 『「原因と結果」の経済学 データから真実を見抜く思考法』
中室牧子、津川友介／ダイヤモンド社

3位 『世界一訪れたい日本のつくりかた 新・観光立国論【実践編】』
デービッド・アトキンソン／東洋経済新報社

4位 『宅配がなくなる日 同時性解消の社会論』松岡真宏、山手剛人／日本経済新聞出版社

5位 『仕事と家庭は両立できない？「女性が輝く社会」のウソとホント』
アン=マリー・スローター、関美和（訳）／NTT出版

部門賞 ビジネススキル

1位 『スタンフォード式 最高の睡眠』西野精治／サンマーク出版

2位 『多動力』堀江貴文／幻冬舎

3位 『図解 モチベーション大百科』池田貴将／サンクチュアリ出版

4位 『僕らが毎日やっている最強の読み方』池上彰、佐藤優／東洋経済新報社

5位 『MBAより簡単で英語より大切な決算を読む習慣』シバタナオキ／日経BP

部門賞 リベラルアーツ

1位 『お金2.0 新しい経済のルールと生き方』佐藤航陽／幻冬舎

2位 『アイデア大全 創造力とブレイクスルーを生み出す42のツール』読書猿／フォレスト出版

3位 『大人の語彙力が使える順できちんと身につく本』吉田裕子／かんき出版

4位 『東大教養学部「考える力」の教室』宮澤正憲／SBクリエイティブ

5位 『脳はなぜ都合よく記憶するのか 記憶科学が教える脳と人間の不思議』
ジュリア・ショウ／講談社

部門賞 ビジネス実務

1位 『世界一速く結果を出す人は、なぜ、メールを使わないのか グーグルの個人・チームで成果を上げる方法』
ピョートル・フェリークス・グジバチ／SBクリエイティブ

2位 『論理的思考力を鍛える33の思考実験』北村良子／彩図社

3位 『殺し屋のマーケティング』三浦崇典／ポプラ社

4位 『Google流 資料作成術』コール・ヌッスバウマー・ナフリック、村井瑞枝（訳）／日本実業出版社

5位 『「いまの説明、わかりやすいね！」と言われるコツ』浅田すぐる／サンマーク出版

部門賞 グロービス経営大学院特別賞

- 『AI経営で会社は甦る』冨山和彦／文藝春秋

ビジネス書グランプリ2019受賞一覧

総合グランプリ

1位	『the four GAFA 四騎士が創り変えた世界』 スコット・ギャロウェイ、渡会圭子(訳)/東洋経済新報社
2位	『1分で話せ 世界のトップが絶賛した大事なことだけシンプルに伝える技術』 伊藤羊一/SBクリエイティブ
3位	『学びを結果に変える アウトプット大全』樺沢紫苑/サンクチュアリ出版
4位	『破天荒フェニックス オンデーズ再生物語』田中修治/幻冬舎
5位	『前祝いの法則』ひすいこたろう、大嶋啓介/フォレスト出版
6位	『ティール組織』フレデリック・ラルー、鈴木立哉(訳)、嘉村賢州(解説)/英治出版
7位	『才能の正体』坪田信貴/幻冬舎
8位	『ホモ・デウス 上 テクノロジーとサピエンスの未来』 ユヴァル・ノア・ハラリ、柴田裕之(訳)/河出書房新社
9位	『死ぬこと以外かすり傷』箕輪厚介/マガジンハウス
10位	『10年後の仕事図鑑』堀江貴文、落合陽一/SBクリエイティブ

部門賞 イノベーション

1位	『破天荒フェニックス オンデーズ再生物語』田中修治/幻冬舎
2位	『10年後の仕事図鑑』堀江貴文、落合陽一/SBクリエイティブ
3位	『amazon 世界最先端の戦略がわかる』成毛眞/ダイヤモンド社
4位	『「読む力」と「地頭力」がいっきに身につく 東大読書』西岡壱誠/東洋経済新報社
5位	『儲けのしくみを誰でもつくれるすごいノート』酒井威津善/自由国民社

部門賞 マネジメント

1位	『ティール組織』フレデリック・ラルー、鈴木立哉(訳)、嘉村賢州(解説)/英治出版
2位	『才能の正体』坪田信貴/幻冬舎
3位	『サラリーマンは300万円で小さな会社を買いなさい 人生100年時代の個人M&A入門』 三戸政和/講談社
4位	『ファイナンス思考』朝倉祐介/ダイヤモンド社
5位	『マネージャーの問題地図 ～「で、どこから変える?」あれもこれもで、てんやわんやな現場のマネジメント』 沢渡あまね、白井匠(イラスト)/技術評論社

部門賞 政治・経済

1位 『the four GAFA 四騎士が創り変えた世界』
スコット・ギャロウェイ、渡会圭子(訳)/東洋経済新報社

2位 『日本再興戦略』落合陽一/幻冬舎

3位 『未来の年表2 人口減少日本であなたに起きること』河合雅司/講談社

4位 『稼ぐがすべて Bリーグこそ最強のビジネスモデルである』葦原一正/あさ出版

5位 『江副浩正』馬場マコト、土屋洋/日経BP

部門賞 自己啓発

1位 『前祝いの法則』ひすいこたろう、大嶋啓介/フォレスト出版

2位 『死ぬこと以外かすり傷』箕輪厚介/マガジンハウス

3位 『自分のことだけ考える。無駄なものにふりまわされないメンタル術』堀江貴文/ポプラ社

4位 『超 筋トレが最強のソリューションである 筋肉が人生を変える超・科学的な理由』
Testosterone、久保孝史、福島モンタ(イラスト)/文響社

5位 『東大院生が開発! 頭のいい説明は型で決まる』犬塚壮志/PHP研究所

部門賞 リベラルアーツ

1位 『ホモ・デウス 上 テクノロジーとサピエンスの未来』
ユヴァル・ノア・ハラリ、柴田裕之(訳)/河出書房新社

2位 『AI vs. 教科書が読めない子どもたち』新井紀子/東洋経済新報社

3位 『読書という荒野』見城 徹/幻冬舎

4位 『おカネの教室 僕らがおかしなクラブで学んだ秘密』高井浩章/インプレス

5位 『1日1ページ、読むだけで身につく世界の教養365』
デイヴィッド・S・キダー、ノア・D・オッペンハイム、小林朋則(訳)/文響社

部門賞 ビジネス実務

1位 『1分で話せ 世界のトップが絶賛した大事なことだけシンプルに伝える技術』
伊藤羊一/SBクリエイティブ

2位 『学びを結果に変える アウトプット大全』樺沢紫苑/サンクチュアリ出版

3位 『スタンフォード式 疲れない体』山田知生/サンマーク出版

4位 『余計なことはやめなさい! ガトーショコラだけで年商3億円を実現するシェフのスゴイやり方』
氏家健治/集英社

5位 『人がうごく コンテンツのつくり方』高瀬敦也/クロスメディア・パブリッシング

ビジネス書グランプリ2020受賞一覧

総合グランプリ

1位	『FACTFULNESS(ファクトフルネス)10の思い込みを乗り越え、データを基に世界を正しく見る習慣』ハンス・ロスリング、オーラ・ロスリング、アンナ・ロスリング・ロンランド、上杉周作(訳)、関美和(訳)/日経BP
2位	『売上を、減らそう。たどりついたのは業績至上主義からの解放』中村朱美/ライツ社
3位	『メモの魔力 The Magic of Memos』前田裕二/幻冬舎
4位	『学び効率が最大化する インプット大全』樺沢紫苑/サンクチュアリ出版
5位	『ぼくはイエローでホワイトで、ちょっとブルー』ブレイディみかこ/新潮社
6位	『哲学と宗教全史』出口治明/ダイヤモンド社
7位	『Think clearly 最新の学術研究から導いた、よりよい人生を送るための思考法』ロルフ・ドベリ、安原実津(訳)/サンマーク出版
8位	『労働2.0 やりたいことして、食べていく』中田敦彦/PHP研究所
9位	『天才を殺す凡人 職場の人間関係に悩む、すべての人へ』北野唯我/日本経済新聞出版社
10位	『学校の「当たり前」をやめた。生徒も教師も変わる! 公立名門中学校長の改革』工藤勇一/時事通信社

部門賞 イノベーション

1位	『売上を、減らそう。たどりついたのは業績至上主義からの解放』中村朱美/ライツ社
2位	『Think clearly 最新の学術研究から導いた、よりよい人生を送るための思考法』ロルフ・ドベリ、安原実津(訳)/サンマーク出版
3位	『労働2.0 やりたいことして、食べていく』中田敦彦/PHP研究所
4位	『お金や人脈、学歴はいらない! 情報だけ武器にしろ。』堀江貴文/ポプラ社
5位	『アフターデジタル』藤井保文、尾原和啓/日経BP

部門賞 マネジメント

1位	『学校の「当たり前」をやめた。生徒も教師も変わる! 公立名門中学校長の改革』工藤勇一/時事通信社
2位	『転職と副業のかけ算 生涯年収を最大化する生き方』moto/扶桑社
3位	『実行力 結果を出す「仕組み」の作りかた』橋下徹/PHP研究所
4位	『THE TEAM 5つの法則』麻野耕司/幻冬舎
5位	『両利きの経営「二兎を追う」戦略が未来を切り拓く』チャールズ・A・オライリー、マイケル・L・タッシュマン、入山章栄(監訳)、冨山和彦(解説)、渡部典子(訳)/東洋経済新報社

部門賞 政治・経済

1位 『FACTFULNESS(ファクトフルネス)10の思い込みを乗り越え、データを基に世界を正しく見る習慣』
ハンス・ロスリング、オーラ・ロスリング、アンナ・ロスリング・ロンランド、上杉周作(訳)、関美和(訳)/日経BP

2位 『父が娘に語る 美しく、深く、壮大で、とんでもなくわかりやすい経済の話。』
ヤニス・バルファキス(著)、関美和(訳)/ダイヤモンド社

3位 『おとなの教養 2—私たちはいま、どこにいるのか?』池上彰/NHK出版

4位 『日本人の勝算 人口減少×高齢化×資本主義』デービッド・アトキンソン/東洋経済新報社

5位 『余命3年 社長の夢「見えない橋」から「見える橋」へ』小澤輝真/あさ出版

部門賞 自己啓発

1位 『天才を殺す凡人 職場の人間関係に悩む、すべての人へ』北野唯我/日本経済新聞出版社

2位 『時間革命 1秒もムダに生きるな』堀江貴文/朝日新聞出版

3位 『無理なく限界を突破するための心理学 突破力』メンタリストDaiGo/リベラル社

4位 『ハートドリブン 目に見えないものを大切にする力』塩田元規/幻冬舎

5位 『世界中の億万長者がたどりつく「心」の授業』Nami Barden、河合克仁/すばる舎

部門賞 リベラルアーツ

1位 『ぼくはイエローでホワイトで、ちょっとブルー』ブレイディみかこ/新潮社

2位 『哲学と宗教全史』出口治明/ダイヤモンド社

3位 『Think CIVILITY 「礼儀正しさ」こそ最強の生存戦略である』
クリスティーン・ポラス、夏目大(訳)/東洋経済新報社

4位 『21 Lessons 21世紀の人類のための21の思考』
ユヴァル・ノア・ハラリ、柴田裕之(訳)/河出書房新社

5位 『アート思考 ビジネスと芸術で人々の幸福を高める方法』秋元雄史/プレジデント社

部門賞 ビジネス実務

1位 『メモの魔力 The Magic of Memos』前田裕二/幻冬舎

2位 『学び効率が最大化する インプット大全』樺沢紫苑/サンクチュアリ出版

3位 『最短の時間で最大の成果を手に入れる 超効率勉強法』メンタリストDaiGo/学研プラス

4位 『ユダヤの商法 世界経済を動かす』藤田田/ベストセラーズ

5位 『簡単だけど、すごく良くなる77のルール デザイン力の基本』ウジトモコ/日本実業出版社

おわりに

毎年出版されるビジネス書は6000タイトルを超えると言われています。書店に立ち寄ったときに、どの本を手に取ろうか迷うことは、ほとんどの人にとって共通の楽しみであり苦しみでもあります。最近になって気付いたことは、評判になっている本は間違いなくそれだけの理由がある、ということです。その中でもビジネス書グランプリで受賞された作品は、文句なしに名著ばかりです。

私が本書を執筆した目的は、名著と読者の皆さんの距離をなくすことです。もしかしたら、今までに見たことがなかった本があったかもしれません。また、書店で見かけたことがあったけれども、その時に手にすることなく、それっきりになってしまっていた本だったかもしれません。どのような理由であれ、名著に触れる機会を逃すことはもったいないことです。本書の紹介から、気になった本がありましたら、書店やAmazon等の書籍を取り扱っている現場で改めて探していただければと思います。名著たちがあなたに読まれるのを待っていることでしょう。

ここまで本の執筆をしてきて改めて感じたことがあります。それは、名著に触れることは幸せなことだということです。本書の執筆作業は、取り上げた15冊の本とそれらに関連する本を全て、精読することが第一歩でした。一度読んだことがある本もこの機会にすべて読み直しました。始める前はその準備の量に圧倒されそうになりましたが、いざ読み始めてみると楽しく、得られた知見を表現したいという願いをドライバーにして、書き進めてきました。

取り上げさせていただいた本の著者の方々、その作品をまとめ広められてきた出版社の方々、そしてその本を私たちのところに届けてくださる書店等の流通を担う方々、いつも知的な刺激を与えて下さって本当にありがとうございます。これだけ多くの読みたい本や伝えたい本が刊行されているのは、ありがたいことだと感じています。

いつも楽しく議論をしているフライヤーのメンバー。フライヤーの主要なコンテンツである本の要約に加えて、創業した当初では考えつかなかったような新しいアイデアを、世界に向けて発信していく日々に生きる力を与えてもらっています。いつもありがとうございます。

本書を執筆するに際しても、フライヤーの広報PRチームのみんなには、企画、装丁決め、進行管理など、様々なサポートをしてもらいました。ありがとうございました。

フライヤーのコンテンツマネージャーの松尾さん。本書の巻頭のインタビューでも、いつも通り、質の高い項目出しと、記事のまとめをしてくれてありがとうございました。

今回の本の企画に共感して下さり、監修をしていただいたグロービスの方々。フライヤーの創業間もない頃からビジネス書グランプリなどの活動をご一緒していただき、いつも心強く思っております。

そして、本書の出版に声をかけて下さった自由国民社の皆さま、そして編集を担当下さった竹内さんと三田さんに、深く感謝いたします。

本書をここまで読んで下さった読者の皆さん。本当にありがとうございます。紹介した名著の中に、特別な輝きを感じた本があったのではないかと思います。本書で取り上げている名著を読まれましたら、その感動を周りの人に伝えてみてください。周りの人も皆さんの生きたレビューに触れられることで、きっと喜ばれると思いますし、何よりも話される皆さん自身の本に対する理解が深まります。フライヤーでは読んで感動した本は、周りの人にその素晴らしさを伝える、という暗黙のルールがあります。ぜひ、皆さんの会社でも感動をリレーする試みをしてみて下さい。

読書は本を読んで終わりではありません。実際に未来の行動が変わってこそ意味がありま す。そして、名著と呼ばれる本には、その力が備わっています。読者の皆さんが人生を変える一冊に巡り合い、その感動と共感の輪が広がっていくのであれば、本書の著者としてこれほど嬉しいことはありません。

装丁・本文デザイン　上坊菜々子
DTP　小林菜穂美
編集協力　本多真佑子
営業担当　伊藤千絵美
編集担当　三田智朗
編集統括　竹内尚志

ビジネスエリート必読の名著15

2020年11月24日　初版第一刷発行

著　者　大賀康史
監　修　グロービス
発行者　伊藤滋
発行所　株式会社自由国民社
〒171-0033
東京都豊島区高田3丁目10番11号
電話03 − 6233 − 0781
https://www.jiyu.co.jp/
印刷所　大日本印刷株式会社
製本所　新風製本株式会社

 ISBN978-4-426-12663-6